DAS BILDBANDBUCH ÜBER
GRANADA
UND DIE ALHAMBRA

EDICIÓN
J.Agustín Nuñez. EDILUX S.L
TEXTOS
Aurelio Cid
FOTOGRAFÍA
J.Agustín Nuñez & Miguel Román
MAQUETACIÓN
Germán Madinabeitia
FOTOMECÁNICA
Edilux S.l.
IMPRESIÓN
Copartgraf
MAPAS
Infografía original:Manolo Castillo
Reelaboración de mapas:Miguel Salvatierra
DIBUJO DE LA PAG. 4-5:
Ignacio Belda
MAPA DE GRANADA
Xavier Bosch
ENCUADERNACIÓN
Hnos.Olmedo
DEP. LEGAL
GR-1925-89
I.S.B.N.:
84-87282-85-7

ÜBERSETZUNG: ERNESTINA BROBEIL

INDICE - INDEX

- INTRODUCIÓN 6
- Puerta Justicia 12
- ALCAZABA 16
- Puerta Vino 21
- PALACIOS NAZARIES 23
  - Mexuar 23
  - Comares 28
  - Patio Leones 38
  - Baños 53
  - Partal 54
- GENERALIFE 56
- Palacio Carlos V 68

Dibujo de Nacho Belda

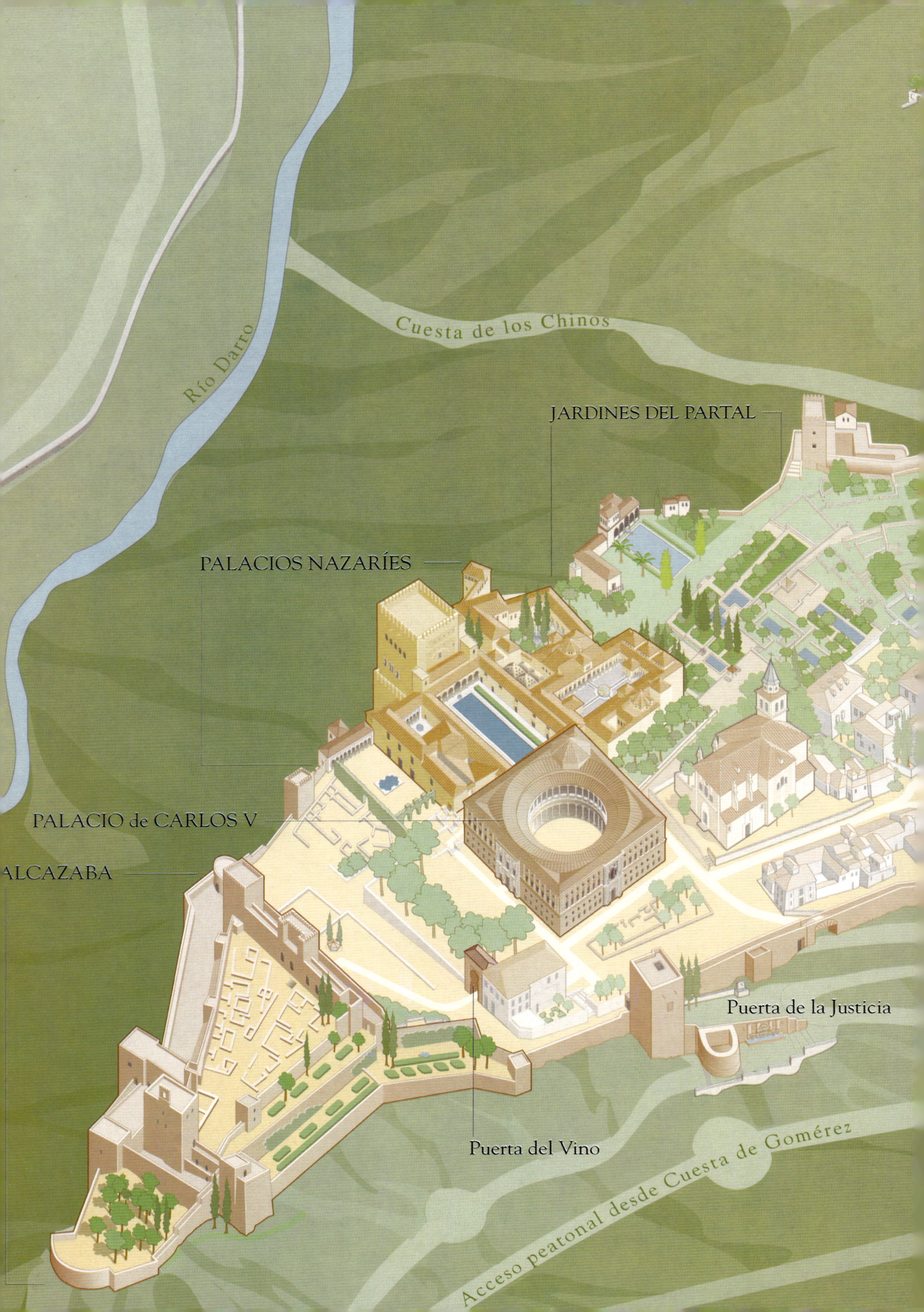

- Río Darro
- Cuesta de los Chinos
- JARDINES DEL PARTAL
- PALACIOS NAZARÍES
- PALACIO de CARLOS V
- ALCAZABA
- Puerta del Vino
- Puerta de la Justicia
- Acceso peatonal desde Cuesta de Gomérez

GENERALIFE

TICKETS
ENTRADA

© Dibujo: Manuel Castillo y Miguel Salvatierra

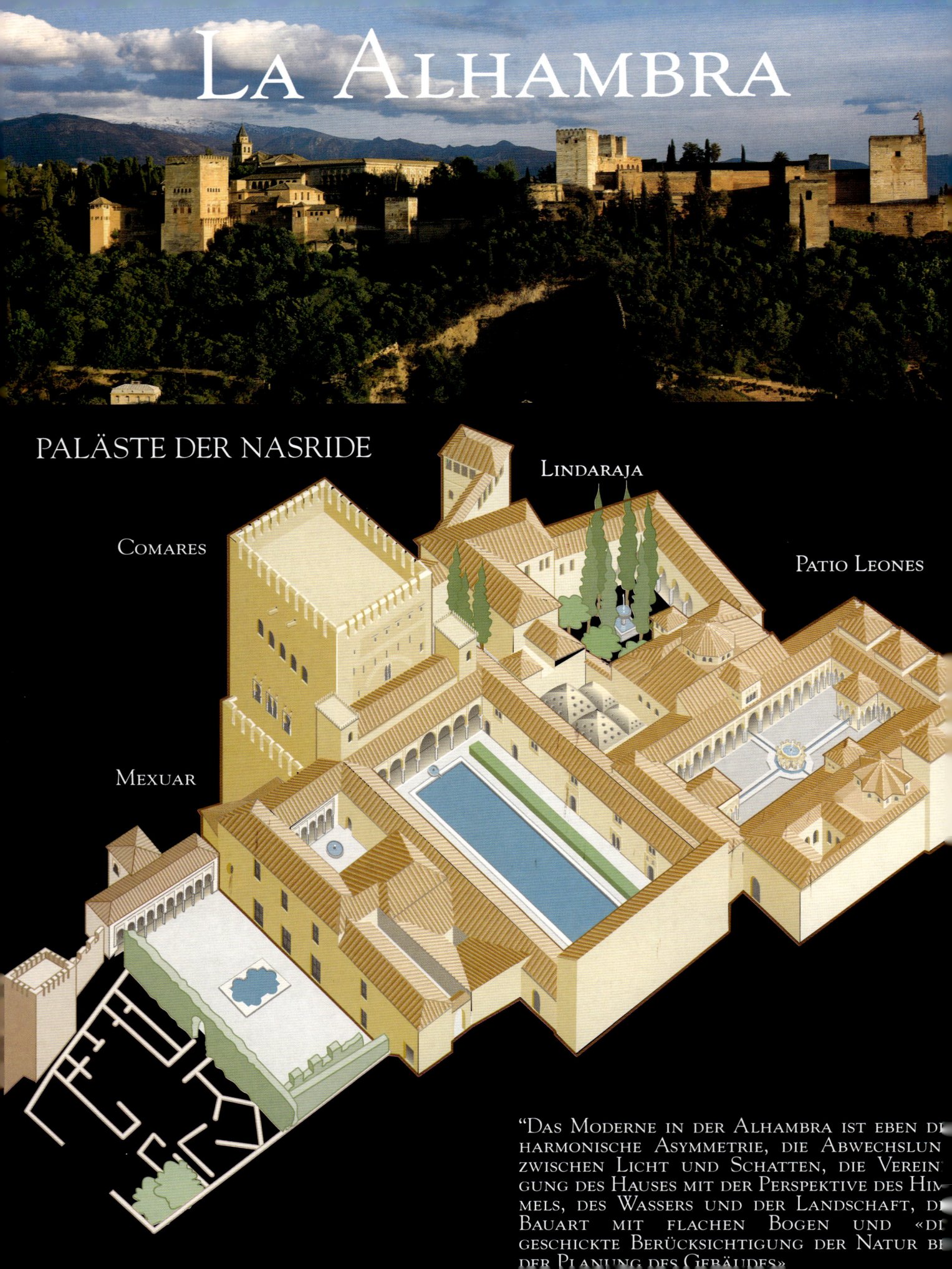

La Alhambra

Paläste der Nasride

Comares

Lindaraja

Patio Leones

Mexuar

"Das Moderne in der Alhambra ist eben di[e] harmonische Asymmetrie, die Abwechslun[g] zwischen Licht und Schatten, die Vereini[-]gung des Hauses mit der Perspektive des Him[-]mels, des Wassers und der Landschaft, d[ie] Bauart mit flachen Bogen und «di[e] geschickte Berücksichtigung der Natur b[ei] der Planung des Gebäudes»

VORWORT

Der über 700 Meter hohe Berg der Alhambra ist ein Ausläufer der Sierra Nevada. Der aus Schiefer und Quarz bestehende Boden des Roten Berges ist jünger als andere Anhöhen in der Umgebung, aber doch alt genug, damit die angeschwemmten Materialien durch verschiedene Kristallisationen haltbar und stabil werden konnten, ohne einen echten Stein zu bilden. Dieser eisenhaltige Boden gab dem ganzen Gebiet die rote Farbe und war jahrhundertelang die feste und solide Stütze fur die Zitadelle der Alhambra.

Die Alcazaba ist der Bug eines riesigen Schiffes, das in Richtung zur Stadt schaut. Es ist über 200 Meter breit und 700 Meter lang, von der Alcazaba aus bis zum "Cabo de la Carrera» Turm. Über 2 km lange Mauern mit 30 teilweise schon zerstörten Türmen umringen die 130 Hektar grosse Oberfläche.

Don Emilio García Gómez bezieht sich in seinem neulich veröffentlichten Buch "Foco de antigua luz sobre la Alhambra" auf einen in Rabat entdeckten Text von Ibn Alchatib. Die bis heute entstandenen Theorien über die Alhambra sind dann durch dieses Buch zerstört worden, wie von einem Blitz getroffen. Viele gute Kenner des Islams, Archäologen und Kunsthistoriker studierten die Alhambra gründlich. Aber ihre Ergebnisse konnten der urkundlichen Evidenz eines Zeitgenossen des Yusuf I. oder dessen Sohnes Muhammad V., Erbauer der Alhambra, nicht widerstehen.

Erstens sollte man das Bauwerk als eine Einheit betrachten und die früheren Einteilungen ganz vergessen, wie Mexuar, Harem und Serail. Ausserdem sollte die grosse Bedeutung der Alhambra in der Baukunst nicht vergessen werden. Denn alle betrachten dieses Monument nur als Touristen. Im «Manifiesto de la Alhambra" (1953), ein Werk, das von mehreren spanischen Architekten herausgegeben wurde, kann man lesen: «Die Alhambra ist ein Monument, das niemals unter architektonischen Gesichtspunkten betrachtet wurde.

Wir denken, dass sogar diese Berufsbewussten, die den Escorial mit kritischen Augen analysierten, später die Alhambra als normale neugierige Touristen betrachteten und ihr Wohlgefallen höchstens mit folgenden Äusserungen entschuldigten: *"Ja, das gefällt mir, aber nicht als Bauwerk!"* »

Auf den Seiten 13 und 14 desselben Textes kann man lesen: «*Erstaunlich ist die Ähnlichkeit zwischen diesem Gabäude aus dem 14. Jh. und den heutigen fortgeschrittenen Bauwerken; dieselben Masse, dieselbe asymmetrische, gliederte Komposition der Grundrisse, dieselbe Vereinigung zwischen Gärten und Gebäude, dieselbe sparsame und strenge Verwendung der Materialien, ohne Anwendung von unnötigen Verzierungen, und so vieles mehr, dass man alles nur mühselig enumerieren könnte*".

Die alte Alhambra ist durch ihre Auffassung und Bauart tatsächlich ein ganz moderner architektonischer Komplex. Sie entspricht den Angaben des berühmten Architekten dieses Jahrhunderts, Le Corbusier. Laut ihm, ist die moderne Architektur "*die kluge, richtige und prachtige Vereinigung der Räume unter dem Licht*". Und dies ist der ideale Begriff in seiner "Cité Moderne" (1922). In seinen

Weitwinkel Aufnahme aus der Torre de Comares

Weitwinkel Aufnahme aus der Albaicín

Bauten versucht er die Landschaft in die Innenräume zu bringen, indem sein Mass immer die Menschengrösse ist. *"Das Moderne in der Alhambra ist eben die harmonische Asymmetrie, die Abwechslung zwischen Licht und Schatten, die Vereinigung des Hauses mit der Perspektive des Himmels, des Wassers und der Landschaft, die Bauart mit flachen Bogen und «die geschickte Berücksichtigung der Natur bei der Planung des Gebäudes».*

Dieser letzte Satz stammt von Prieto Moreno, der jahrelang Architekt und Aufseher des Bauwerkes war. Er schrieb: «Die Alhambra vereinigt in ihren Räumen viele heute noch gültige architektonische Werte, die als Meisterwerke betrachtet werden sollen». Ausserdem haben alle Paläste und Höfe die gleiche winkelrechte Lage, auch wenn sie auf verschiedenen Höhen gebaut wurden und nicht gleichzeitig entstanden.

«Die Alhambra wuchs immer weiter», laut Pi y Margall, «und ihr Prunk wurde immer grösser». Am Anfang wurde nicht eine Einheit mit verschiedenen Bauten geplant, sondern es entstand eine Alcazaba (Ende des 9.Jh.), die im Jahre 1238 dem Muhammad ben Yusuf ben Nasr, Herrn von Arjona, als Residenz diente. Dieser Heerführer besiegte seinen Gegner Ibn Hud, der mit den Königen von Saragossa verwandt war, und das Königreich von Granada erreichte solchen grossen Ruhm, dass die alte Alcazaba nicht mehr gross genug für einen richtigen König war. Nasr und seine Nachfolger bauten dann Schlösser, Bäder, Moscheen, Schulen, usw., bis eine Schlossstadt entstand, die eine immer grössere adelige Bevölkerung beherbergte.

Muhammad ben Nasr, der dem König Ferdinand III. bei der Eroberung von Sevilla geholfen hatte (1248), erreichte am Ende seiner Regierungszeit den Waffenstillstand und eine lange Friedenszeit mit den Christen. Gleichzeitig wuchsen die politischen und administrativen Bedürfnisse des Hofes, denn sein Gebiet war sehr gross. Es reichte von Murcia bis nach Gibraltar, von der alten Stadt Calpe aus bis zum Almanzora Fluss, an der Küste entlang, mit den Provinzen Granada, Almería und Málaga, und einem Teil von Jaén, Córdoba, Sevilla und Cádiz. Viele an der Grenze liegenden Dörfer tragen heute noch den Namen «de la Frontera», an der Grenze.

Hundert Jahre später regierten Yusuf I. und sein Sohn Muhammad V., die grossen Erbauer der Alhambra. Vom Albayzin aus gesehen war das Bauwerk zu dieser Zeit ein weisser Palast, über eine grüne Pflanzenplinthe ausgebreitet. Der Wald reichte bis zum Darroufer hinunter und war eine Art Tierpark, in dem die Tiere frei leben konnten. Aus allen Fenstern der Paläste konnte man diesen schönen Blick geniessen.

Von den Bauernhäusern der «Vega» aus, die laut Andrea Navagiero, Botschafter von Venedig bei Karl V., ein dichter Obstgarten war, konnte man die weisse Alhambra im Abendlicht glänzen sehen, wie einen goldenen Lichtstrahl über den terrassenförmigen Garten des Generalife, mit dem Schnee der Sierra Nevada und dem blauen Himmel im Hintergrund.
Aber wenn die Alhambra weiss war, warum heisst sie die Rote? Wir glauben, dass der Name «al-hamra» (die Rote) wegen der Ähnlichkeit mit dem Spitznamen des

Gründers der Dynastie entstand, der «al-Ahmar» oder «der Rote» hiess, und dass dieser Ausdruck vom 14 Jh. an benutzt wurde. Mehrere unrestaurierte Mauern und Türme weisen heute noch Überbleibsel dieses weissen Putzes auf.

Zum Schluss soll darauf aufmerksam gemacht werden, dass in diesem Buch fast immer der Ausdruck «Moslem» anstatt «Araber» benutzt wird, wenn die früheren Bewohner der Medina al-Hamra gemeint werden. Arabisch ist eine Nationalität und die Erbauer dieses Wunders des Mittelalters, das wir Alhambra nennen, waren Spanier, Enkel und Urenkel von Spaniern, die arabisch sprachen und die islamische Religion praktizierten. Sie waren die Schöpfer einer Kultur ohnegleichen.

Als Abschluss könnten die Sätze des Dichters aus Almería, F. Villaespesa, dienen, die der Alhambra gewidmet wurden, und die heute auf der Gedenktafel neben dem Tor der Granatäpfel zu sehen sind:

> *Nicht einmal der Schatten dieser Mauern*
> *wird vielleicht überstehen;*
> *aber deren Erinnerung*
> *wird als einziger Zufluchtsort für Traum*
> *und Kunst unvergänglich sein.*
> *Die letzte Nachtigall auf der Welt wird dann*
> *zwischen den glorreichen Ruinen der Alhambra*
> *ihr Nest bauen und*
> *als Abschied ihre Lieder singen.*

Aussicht aus dem Bauernhof des Generalifes

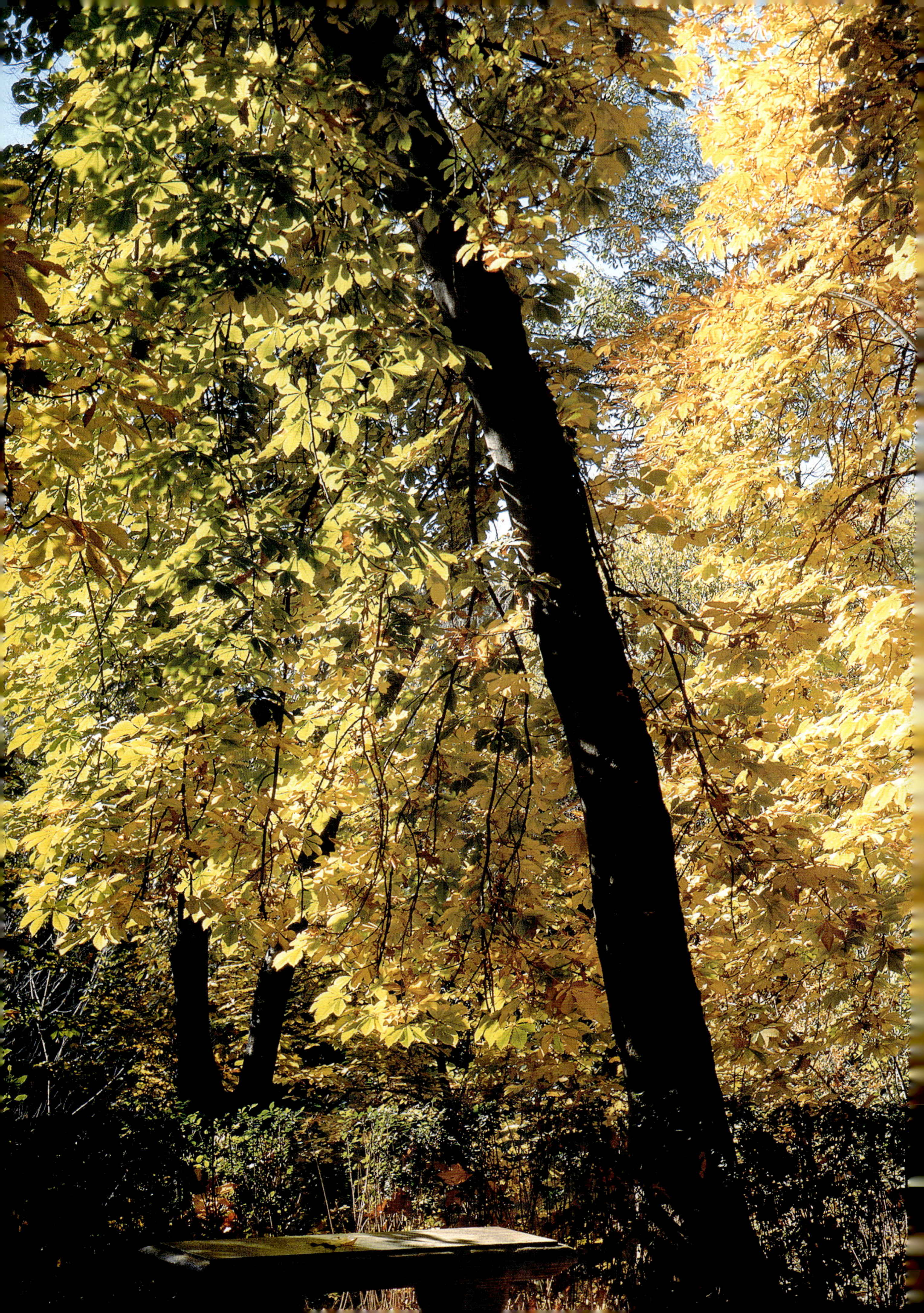

Pilar de Carlos V

Der Brunnen Karl V

Der Brunnen Karl V. wurde nach dem Idealbild der Eroberer entworfen. Diese wollten die nasridische Stadt christianisieren, ihre Bedeutung als neue Kaiserstadt betonen, ohne ihren Prunk zu verringern. Mit Rücksicht auf die alten Bauten und gleichzeitig mit Anerkennung der neuen Verhältnisse wurde dieser prachtvolle Brunnen von Machuca entworfen und von Niccolao da Corte im Jahre 1.543 am Eingang zur Anlage gebaut. Damit entstand ein neuer Raum. Die Wappen der Stadt, des Kaisertums und des Grafen von Tendilla verzieren das im klassizistischen Stil verarbeitete Werk. Es ist unbekannt, ob die geheimnisvollen Masken die drei Flüsse Granadas darstellen oder die durch pflanzliche Verzierungen symbolisierten Jahreszeiten.

Puerta de la Justicia

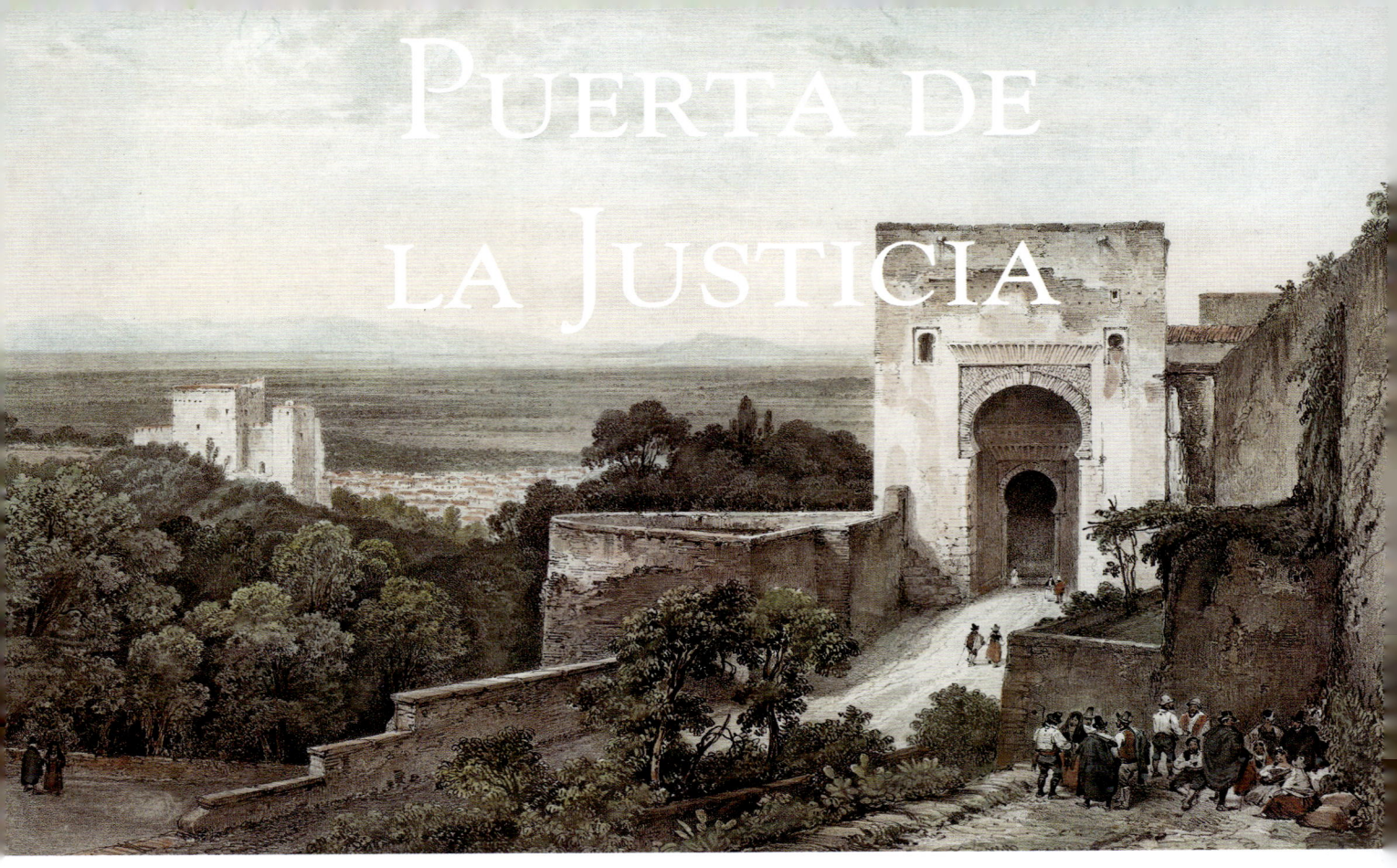

Romantische Gravier aus dem XIX Jh.

Das Tor der Gerechtigkeit

DAS TOR DER GERECHTIGKEIT

Dieses Tor ist heute praktisch der einzige Zugang in die von Mauern umringte Medina al-Hamra (Alhambra-Stadt). Es ist das wichtigste Tor des Bauwerkes und besteht aus einem viereckigen Turm, der mit der Mauer verbunden ist.

Oberhalb der Schwelle des inneren Bogens, wo der symbolische Schlüssel dargestellt ist, und unterhalb der gotischen Muttergottes, ist auf dem weissen mit Täfelchen und grünen Schlingen verzierten Marmorstreifen folgende Inschrift lesbar: *Der Emir der Muslime, der kriegerische und gerechte Sultan Abu-l-Hayyay Yusuf… ordnete den Bau dieses Tores an, die sogenannte Bab als-ari'a, Gott möge hier die Gerechtigkeit des Islams aufkommen lassen, damit es lange als Zeichen der Herrlichkeit bestehen kann.*

Dieser Bau wurde im Jahre 749 im Monat der lobes erhobenen Nativität vollendet. Das heisst Juni 1348 unserer Zeitrechnung, dasselbe Jahr der tödlichen Seuche, die Giovanni Bocaccio als "furchtbare schwarze Pest" beschrieb, die sich in ganz Europa ausbreitete und etwas später wie eine apokalyptische Plage bis nach Spanien kam, und in Andalusien und ganz besonders in Almería zwei Drittel der Bevölkerung vernichtete. Der Namen Tor der Esplanade bezieht sich auf den früheren Platz vor dem Turm, der durch den Bau der Wege zum Generalife und zur mittleren im Wald verlaufenden Strasse hin verschwand.

Über die offene Hand auf dem Schlusstein des ersten Bogens gibt es mehrere Interpretationen. Die offene Hand mit der Fläche nach vorn war immer ein Friedenszeichen. Derjenige, der sich einem wütenden Gegner nähert, macht fast unbewusst diese Bewegung. Aber in diesem Fall bezieht sich die Hand mit den fünf Fingern (al-Hamza, fünf) anscheinend auf die fünf Gebote des Islams: die Erkenntnis Allahs, das Gebet, das Almosen, das Fasten und die Pilgerfahrt nach Mekka. Manche Kenner glauben, dass diese Hand in Zusammenhang mit dem Schlüssel des inneren Bogens eine zauberische Bedeutung hat. Im Königreich von Granada treten häufig diese Symbole hervor, besonders auf den Keramikplatten verschiedener Bauwerke.

Die beiden vorspringenden Wasserspeier an der oberen Seite des Tores konnten im Notfall das vorgeschobene Fort stützen, das den Eintritt von Feinden in den Turm vermeiden sollte. Hinter dem ersten türlosen Bogen befindet sich eine grosse Verteidigungsluke, die in der nasridischen Militärarchitektur häufig benutzt wurde. Die Turmverteidiger konnten von oben die Feinde bekämpfen, indem sie Steine, siedendes Öl oder geschmolzenes Blei hinunterwarfen, wenn diese durch das zweite geschlossene Tor eindringen wollten.

Details des Tors

Innenraum des Tors mit originalriegel

Dieser zweite Marmorbogen war zur moslemischen Zeit wahrscheinlich polychromiert und weist heute an der oberen Seite drei Muscheln auf. Zwei Säulen mit würfelförmigen Kapitellen und Inschriften aus dem Koran stützen die Archivolte, die mit falschen Bogensteinen versehen ist. Auf dem Schlussstein ist ein Schlüssel mit Troddel eingemeisselt.

Oberhalb des Schlüssels verläuft ein Band mit der Gründungsinschrift und darüber befindet sich die Nische mit der Kopie einer gotischen Muttergottes, die im Jahre 1501 von Ruperto Alemán ausgeführt wurde. Der Auftrag stammte von den Katholischen Königen, deren Symbole, Joch und Pfeile, den Fuss der Statue dekorieren. Rhombische weisse und blaue Mosaike verzieren die Wand rings um die Nische der Muttergottes herum.

Genau an diesem Fenster gegenüber kann man auf der anderen Wand ein ähnliches blindes Doppelfenster sehen. So konnten die Bewohner des Turmes beim Hinausschauen ein schönes mit bunten Gläsern verziertes Fenster betrachten, anstatt die kahle Wand der Militäranlage, die sogar Klaustrophobie verursachen konnte. Hinter diesem Eingang stösst man auf einen Hufeisenbogen aus Naturstein, der auf schmalen Säulen ruht und mit würfelförmigen Kapitellen versehen ist. Zwischen diesem und dem vorigen Bogen sind die mit Eisenplatten verkleideten Türen eingefügt, die den ursprünglichen Schlossriegel noch haben. Diese beiden Bogen geben Zutritt zu einem Gang mit vier Wendungen (im Almohaden-Stil), dessen Gewölbe mit Mulden, Halbzirkel und Stichkappen versehen sind. Von jeder Ecke aus konnte dieser Eingang verteidigt werden.

Die äussere Bogenseite weist Überbleibsel rhombischer Mosaike auf, die denjenigen der zuvor erwähnten Pforte gleichen. Wie es in der spanisch-muselmanischen Kunst üblich ist, ruht der Bogen auf Doppelanfängern, die mit verzahnten bereits restaurierten Ziegelsteinen versehen sind.

An der rechten Seite der Pforte befindet sich der Rundgang, der damals an der Burgmauer entlang verlief, grösstenteils bedeckt, und gross genug für die Pferde der Wache.

Die gegenüberstehende Mauer ist mit einem Mauergang versehen, der von dem oberen Stockwerk des Turmes aus zugänglich ist. Zu Beginn des 16. Jh. stürzte diese Mauer ein, und wurde mit Grabplatten restauriert, die wahrscheinlich aus dem naheliegenden Friedhof maqabir Al-Assal (im heutigen Tal "Barranco del Abogado") stammte. Dieser Friedhof lag, laut Ibn al-Chatib, in der Nähe der Verwaltungspaläste, oberhalb des jüdischen Mauror-Viertels und unweit des Roten Turmes.

Haupttor mit metalischer Verkleidung

Las Fortificaciones

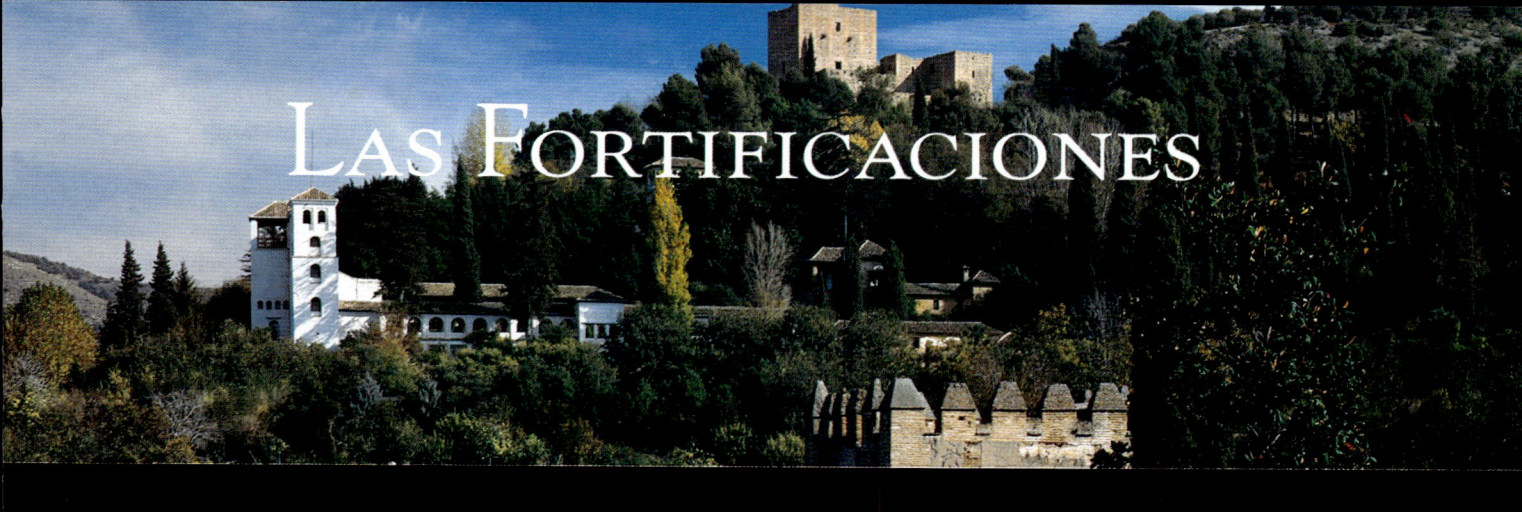

DIE FESTUNGEN

Die politische Schwäche des nasridischen Königreichs verursachte den Bau imposanter Festungen, deren Überbleibsel in diesem Gebiet heute noch erhalten sind. Es handelt sich meistenteils um quadratische Türme, die hauptsächlich aus Stein, Mörtel und Ziegeln gebaut wurden. Der schmale Eingang wurde immer am Ende einer Steigung angebracht und mit einem Winkelgang versehen, um den Zutritt der angreifenden Truppen zu erschweren.

ALCAZABA

1. Plaza de las armas
2. Torre de la vela
3. Baluarte
4. Caballerizas
5. Torre de los hidalgos
6. Puerta de las armas
7. Camino de acceso a la alhambra
8. Camino de acceso a la alhambra
9. Torre de alquiza
10. Torre del criado del doctor oloriz
11. Torre del homenaje
12. Cubo o torre de la tahona
13. Torre quebrada
14. Torre del adarguero
15. Jardin del adarve
16. Torre de la pólvora
17. Camino militar
18. Torre de la sultana

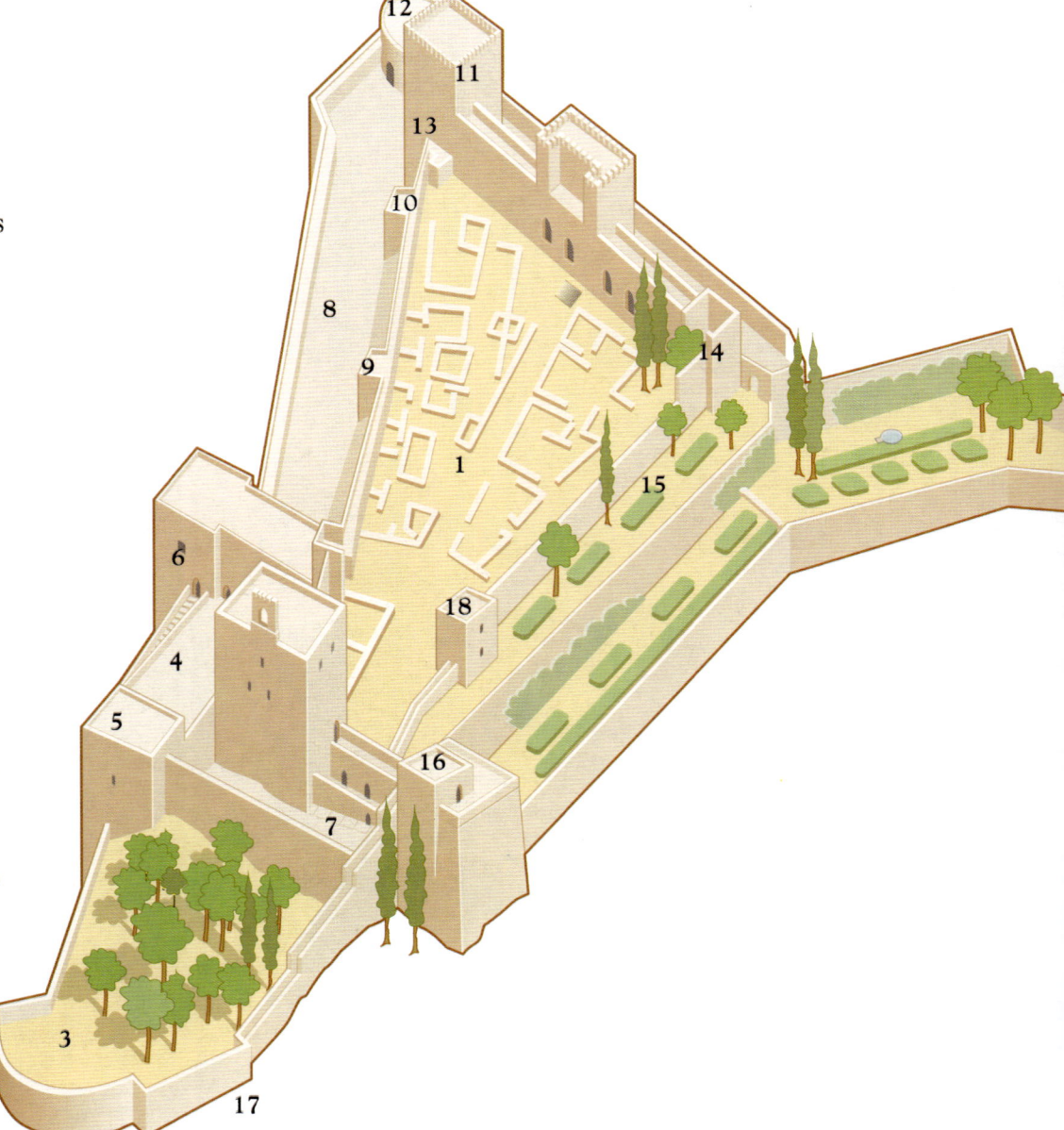

DIE ALCAZABA (DIE FESTUNG)

Nach der Eroberung Granadas wurde die Alcazaba unberechtigterweise vergessen. Sie bedeutet den Ursprung einer grossen adligen Stadt, der späteren Medina al-Hamra (Stadt Alhambra), aber nur die blendenden nasridischen Paläste wurden beschrieben.

Während der Bürgerkriege des 9. Jahrhunderts und der Kämpfe gegen Almoraviden und Almohaden erschien die Alcazaba in den Geschichtsbüchern als Ma'quil Ilvira (Elvira-Festung). Erst nach dem 13. Jahrhundert entstand der Namen Qa'lat al-Hamra (Rote Burg), nach dem die Anlage heute noch bekannt ist.

Von dem Wachtturm aus sind zwei verschiedene Bereiche sichtbar, der eine innerhalb des anderen. Der kleinere hat wahrscheinlich einen römischen Ursprung, wie die unteren Naturmauersteine beweisen, wurde aber im Jahre 889 (zur Kalifenzeit) von dem qaysi Sawwar ben Handum für die Verteidigung gegen die Mozaraben und Muladien von Umar ben Hafsum restauriert.

Die Alcazaba war lange Zeit, sogar nach der Ankunft des Muhammad ben Nasr Al-Ahmar (1238), eine unabhängige Burg, durch ein Tal von der östlich gelegenen Ebene getrennt (auf der später die königlichen Paläste erbaut wurden). In diesem Tal entstand unter Jussuf I. eine Mauer und verschiedene Türme, deren Überbleibsel an dem Aljibes-Platz heute noch sichtbar sind.

Einer von diesen Türmen wurde ausgebaut, um das Wasser der vom Graf von Tendilla erbauten Zisterne zu filtern (1494). Gleichzeitig wurde das Talgelände aufgeschüttet. Die Mauern der Alcazaba und die der Paläste wurden ebenfalls unter Jussuf I. durch einen Mauergang verbunden, dessen Zugangstreppe im Tahonaturm war. Dieser Turm wurde im Jahre 1955 unter dem sogenannten «Cubo de la Alhambra» entdeckt, einem kleinen und eckenlosen Renaissanceturm, gebaut um den Einschlag der Artillerie zu mindern, die damals schon eine relativ grosse Wirkung aufwies.

Muhammad ben Nasr, Al-Ahmar, Gründer der Dynastie, erbaute wahrscheinlich den 27 Meter hohen und 16 Meter breiten Wachtturm an der Westseite der Alcazaba. Seine vier Stockwerke litten unter mehreren Veränderungen, um sie bewohnbar zu machen. Die Treppe wurde besonders in den ersten Stockwerken etwas auf die Seite verlegt. Bei verschiedenen Katastrophen im 16. Jahrhundert verlor der Turm seine Zinnen und damit etwas von seiner Höhe.

Dann war es ein Erdbeben (1522), später die Explosion eines Pulverdepots im Darrotal (1590), die den Turm schwer beschädigten. Im 19. Jahrhundert (1882) wurde die früher nordöstlich gelegene Glockenanlage von einem Blitz zerstört.

Die Alcazaba vom Comaresturm aus gesehen

Weitwinkelaufnahme(180°) aus dem Wachtturm. Unten, rechts: Alhambra und Albaicín aus dem Generalifes Bauernhof

Die heutige im Jahre 1733 gegossene Glocke reguliert den Bewässerungsgang auf der Ebene, und im Fall eines Unglücks wurden die Stadtbewohner alarmiert, wie, z.B., beim Brand der Alhambra im Jahre 1890.

Von der oberen Plattform dieses Turmes aus ist nördlich das alte Stadtviertel Albayzin sichtbar, und weiter nach Osten der Sacromonte, das arabische Viertel, das schon seit 30 Jahren auf seine Restaurierung wartet. Oben auf dem Hügel befindet sich die Michaelskapelle, mit der Darstellung des Erzengels,«den Arm in Richtung zwölf Uhr ausstreckend», und die alte mehrmals zerflickte Stadtmauer, die sich bis in das Tal ausbreitet.

Der furchtbare Lärm des Verkehrs wird von den Geräuschen und dem Pochen des Albayzin unterdrückt. Im Frühling kommt aus dem Viertel ein besonderer Blumenduft, so dass wir den Anblick dieses Gebiets immer zusammen mit dem Duft erinnern, wenn wir von unserer Stadt entfernt leben.

Weiter nach rechts, auf der anderen Seite des Darroflusses, breitet sich der Valparaíso aus, mit dem Duft nach Erdbeeren und mit dem sauberen fliessenden Wasser. Das ist das Granada, das von Gautier als «himmlisches Jerusalem» und von Al-Saqundi aus Córdoba als «Zehrstoff für die Augen und Erholung für die Seelen» bezeichnet wurde.

Gegen Westen breitet sich die moderne Stadt aus. Bodenspekulation, leichtsinnige Baugenehmigungen und Korruption konnten bis heute die bis vor 30 Jahren «schönste Stadt der Welt» nicht zerstören. Graue Betonfassaden und Wolkenkratzer verschlingen langsam die Ebene, als Ankündigung eines immer mehr naheliegenden Endes.

Im Süden befindet sich der Maurorberg mit den Roten Türmen der alten Burg, unter deren Schutz sich die Militärlager und die Kerker der Gefangenen ausbreiteten.

Weiter links ist der moderne, weisse und kalte «carmen» von Rodríguez Acosta sichtbar, und noch etwas weiter nach links die architektonische Mischung des Hotels Alhambra Palace.

Ganz im Hintergrund, wo sich die Erde mit dem Himmel vereinigt, befinden sich der «Seufzer des Mauren» und die letzten Ausläufer der Sierra Nevada, mit den grössten Erhebungen gegen Südosten. Dieses fast das ganze Jahr mit Schnee bedeckte Gebirge weist an dem stahlfarbigen Hang entlang kleine weisse Dörfer auf.

Östlich ragt der steinerne Bau Kaiser Karls V. hervor und weiter hinten, am Fusse des Sonnenhügels, der Generalife, der "Garten ohnegleichen". Seine Zypressen "strecken sich gegen den Himmel und bitten um Ruhe fur die Landschaft".

Wenn wir aber von der Westseite des Wachtturmes aus hinunterschauen, können wir eine Militäranlage in Form einer phrygischen Mütze sehen, deren Spitze sich dem Darrofluss zuwendet. Das ist die Bastei, Ende des 15. Jahrhunderts für die Errichtung der Artillerie gebaut, in Richtung zur Stadt gewandt und echter Bug der Alcazaba. Für die Bewohner der Alhambra waren die Bürger Granadas anscheinend gefährlicher als die von der Ferne herkommenden Feinde. Als die Festungen des Albayzin von neugebauten Vierteln umgeben wurden, liessen sich die Könige auf dem Roten Hügel nieder. Vieles sollte hier restauriert werden, aber das Gelände bot eine gute offene Lage und ermöglichte eine eventuelle Flucht.

Die Alhambra blieb ausserhalb des Bereichs von Granada. Südlich begann an der Bastei der Militärweg, der über dem Tor des Tales oder Bab Handac verlief. Dieses Tor wurde im Jahre 1526 durch das Granatäpfeltor ersetzt. Gleichzeitig wurde die Strasse Cuesta de Gomérez geöffnet, und so gelang man von der Plaza

Nueva bis zu dem Mittelweg des Alhambrawaldes. Der Militärweg führte bis zu den Roten Türmen und dem Lager, so dass die Soldaten der Alcazaba im Notfall rasche Hilfe von der anderen Seite erhalten konnten. Dann verlief die mit mehreren Türmen versehene Mauer in Richtung Granada, und umringte diese Stadt vollständig.

Aber der Haupteingang in die Alcazaba ist das Waffentor. Sein Fallgatter wurde von dem oberen Stock aus kontrolliert. Bis dahin führte der Umgehungsweg der Alcazaba, der an der Mauer entlang verlief, und wo sich auch der Waffenturm und der Wachtturm befinden.

Am Eingang zu dem Waffentor befindet sich ein Winkelgang, der bis zu einem Raum fur die Wache führt. Dann gabelt sich der Weg. Links gelangt man zu den königlichen Räumen und rechts zur Alcazaba. Der Besucher des Palastes musste dann 90 Meter ohne Schutz auf seiner rechten Seite zurücklegen — der Schild wurde nämlich auf der linken Seite getragen—. Nach einer Kontrolle im Tahonaturm wurde der Marktplatz erreicht, der sich wie gewöhnlich am Eingang der Festung befand.

Der Waffenplatz hatte in der Mitte eine Strasse links, am Fusse des Wachtturmes, ein Bad für die Soldaten, und zu beiden Seiten kleine Häuser für die Platzkommandanten, Waffenschmiede und Handarbeiter. Hier befanden sich auch mehrere Wasserbehälter und ein Kerker, auf dessen Boden die Schlafplätze fur die Gefangenen heute noch sichtbar sind.

An der Innenmauer befanden sich zwei kleine Türme. Heute ist nur der Turm der Sultanin vorhanden. Von diesem Garten aus ist der Pulverturm besuchbar. Hier beginnt der Weg, der früher die Alcazaba mit den Roten Türmen verband und von wo aus auch der Wachtturm erreicht werden konnte.

Der Garten des Mauergangs und der Pulverturm ermöglichen den Anblick einer wunderbaren nicht leicht beschreibbaren Landschaft.

Blick über die Stadt der Alhambra

Puerta del Vino

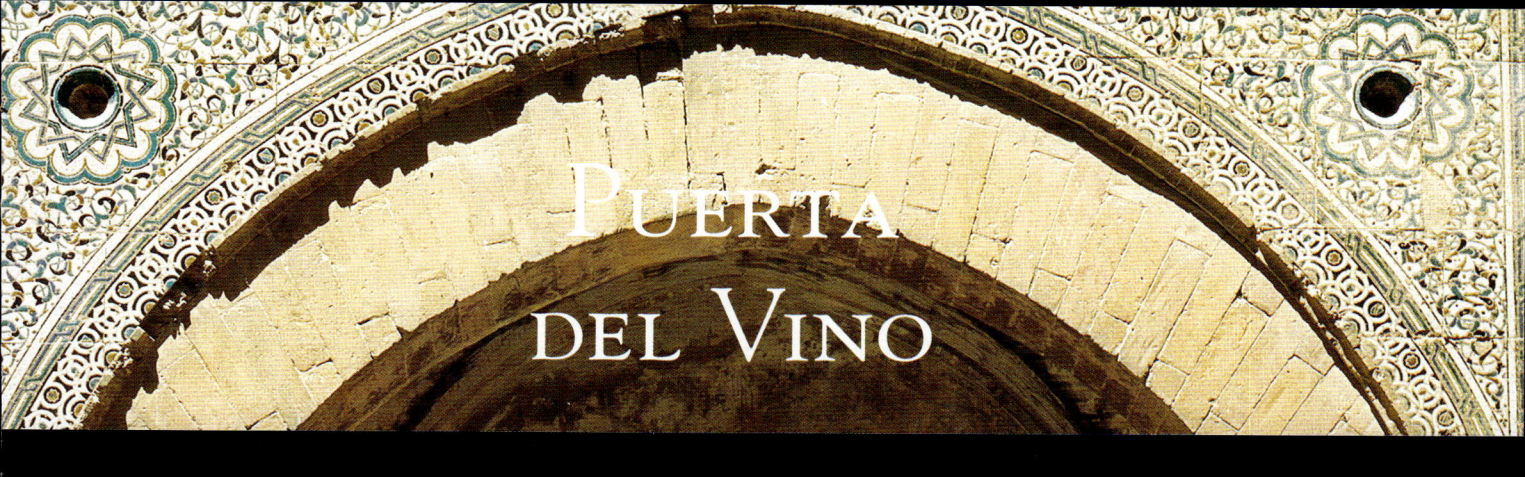

DAS WEINTOR

Dieser Name stammt sehr wahrscheinlich vom steuerfreien Weinhandel, der von 1554 an in diesem Raum getrieben wurde. Dieses Tor führte im Wirwarr der mittelalterlichen Stadt in die Medina, in die hochgelegene Alhambra, wo ca. 2.000 Menschen wohnten. Dies war der Beginn der Königlichen Strasse, Achse des bürgerlichen Lebens. Ausserdem diente dieses Tor als Grenze zwischen dem Militär- und Schlossgebiet. Die Ostseite ist schöner und besser verarbeitet als die andere. An der Wand sind Überbleibsel von Stuck und Polychromie erhalten sowie feine Keramikteile. Wahrscheinlich waren in der Anlage mehrere Mauern in diesem Stil verziert. Die Westseite sieht älter und einfacher aus. Sie wurde mit einem Spitzbogen versehen, was in dieser Anlage etwas Besonderes ist.

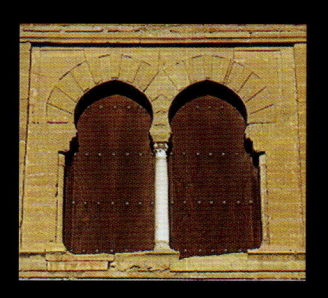

El Mexuar

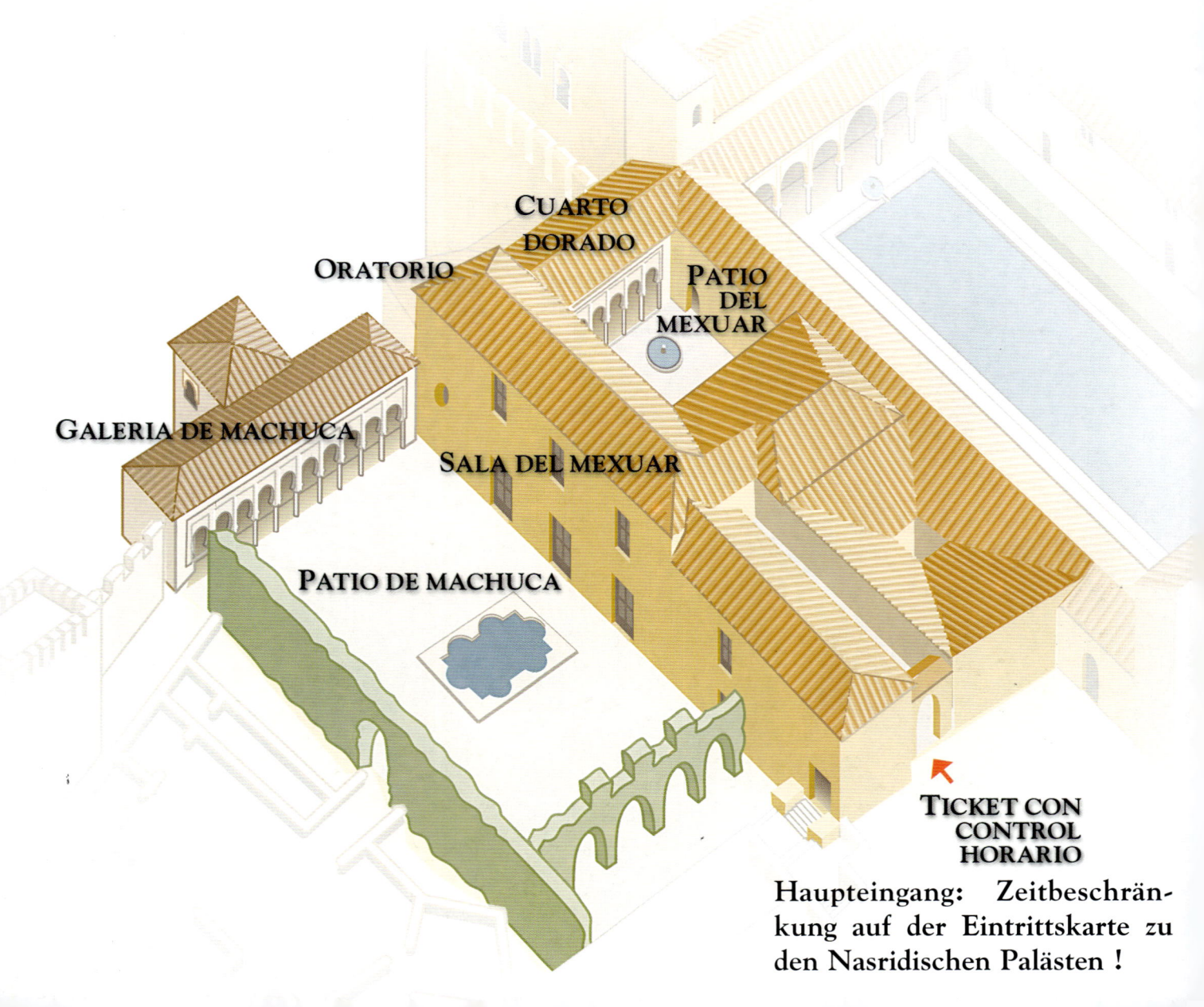

Patio de Machuca

- Oratorio
- Cuarto Dorado
- Patio del Mexuar
- Galeria de Machuca
- Sala del Mexuar
- Patio de Machuca
- Ticket con control horario

Haupteingang: Zeitbeschränkung auf der Eintrittskarte zu den Nasridischen Palästen !

DIE PALÄSTE

MEXUAR

Dieser Teil der Paläste litt ohne Zweifel am meisten unter den Veränderungen der früheren christlichen Vögte, die im Auftrag ihrer Könige die ur-sprünglichen Räume umgestalteten, um sie an die neuen Tätigkeiten anzupassen.

Für diese Umbauten wurden manchmal alte Strukturen vollkommen zerstört, so dass man heute schlecht feststellen kann, wo der Zugang zu diesen Räumen war, in denen der Rat über wichtige Gerichtsfragen zu entscheiden hatte.

Die Besucher aus Granada mussten die Militäranlage der Alcazaba durch-kreuzen, und nach einer Kontrolle im Tahonaturm, erreichten sie einen Marktplatz, der sich wie üblich am Eingang jeder Stadt dort befand. Sie kamen dann in einen höher gelegenen Hof durch eine Tür, die von dem Mohamed-Turm aus bewacht wurde, und konnten dann rechts das Minarett einer kleinen Moschee sehen. Fünf hohe Stufen erwarteten dann den Besucher, die er nicht ohne Anstrengungen hinaufsteigen musste. Zum Schluss hatte er den **Machucahof** erreicht.

MACHUCAHOF:

Machuca war der Architekt des Palastes Karls V. Der Hof wurde mit einem kleinen lappenförmigen Teich versehen. Auf der anderen Seite war früher eine zweite Galerie, genauso wie die von Machuca, deren Überbleibsel auf dem Boden sichtbar sind und deren Umfang von den Zypressenbogen angedeutet ist.

MEXUAR-SAAL

Der nächste sogenannte Mexuar-Saal ist vielleicht der älteste Teil der königlichen Räume, weist jedoch eine grosse Umgestaltung unter Yusuf I. oder unter dessen Sohn Muhammad V. auf. Auf dem Randstreifen der früheren Dachlaterne kann man folgendes lesen: *"Ehre unserem Herrn Abu-l-Valid Ismail"*. Diese Inschrift und die Ähnlichkeit mit dem Generalife (von diesem König gebaut und dekoriert) lassen vermuten, dass es sich um einen Bau aus dem beginnenden 14. Jahrhundert handelt. Archäologische Sondierungen brachten an der südlich gelegenen Wand einen Sockel zum Vorschein anderthalb Meter über dem Boden hoch placiert. Er gehört zu einem älteren Bau und zeigt eine grosse Ähnlichkeit mit dem bemalten Unterbau des Generalife. Der heutige Palast wurde unter Yusuf I. oder

Mexuar

unter dessen Sohn erbaut. Der Raum ist durch ein Viereck mit vier Säulen in zwei geteilt. Die nördlich gelegene Seite ist aber wesentlich grösser als die andere am Eingang. Auf dem zuvor erwähnten Plan Machucas befand sich eine Mauer an demselben Ort der beiden Säulen, die die Chordecke stützten. Dank dieser Mauer war der Raum besser proportioniert.

Es ist bekannt, dass dieser Saal in eine Kapelle umgewandelt wurde. Der Umbau wurde im Jahre 1537 projektiert, die Bauarbeiten wurden jedoch erst im 17. Jahrhundert vollendet. Da der Mexuarsaal zu diesem Zweck nicht gross genug war, wurde die Nordwand abgerissen und an dem neu gewonnenen Platz der zuvor genannte Chor angebrachT. Die vier Säulen in der Mitte des Saals trugen eine Laterne, in der gleichen Form wie diese, die den Ruhesaal im Bad des Comarespalastes beleuchtet. Durch kleine mit bunten Gläsern versehenen Seitenfenstern soll das Licht hineingekommen sein. In dem Viereck darunter, zwischen den vier Säulen, wurden von dem Rat die wichtigsten Gerichtsfragen besprochen. Luis del Mármol schrieb zu Beginn des 17. Jahrhunderts, dass in diesem Raum «der König zur Ratsitzung kam» und dass am Eingang eine Kachel mit folgender Inschrift an der Wand war: «*Komm zu mir und bitte. Und wenn du Gerechtigkeit brauchst, wirst du sie haben*».

Über dem Mexuarsaal wurden später die Räume für die Vögte erbaut, die Laterne abgerissen und ein strahlenförmiges Holztafelwerk im Moriskenstil eingebaut. Die Westwand des Raumes wurde zur Stützung des neuausgeführten Stockwerkes verstärkt, und grosse vergitterte Fenster eingebaut. Es ist aber unbekannt, wie diese Mauer an der Aussenseite ausgesehen haben soll. Als hier die Kapelle hineingebaut wurde, wurde die Eingangstür zugemauert und an derselben Wand ein Marmoraltar errichtet, mit Kacheln zu beiden Seiten, auf denen die Heraklessäulen und der Spruch *Non Plus Ultra* abgebildet wurden. Der Raum wurde verlängert, wie bereits erwähnt, und dann wurde der Chor ausgeführt. Der sich hinter diesem Ensemble befindende Betsaal wurde als Sakristei benutzt, nachdem der heutige Zutritt gemacht wurde. Trotz all dieser Fehlgriffe sind an der oberen Wand heute noch die damaligen Farben und das Gold sichtbar. Der Sockel des Raumes ist mit einer Morisken-Kacheltäfelung aus dem 16 Jahrhundert versehen. Oberhalb dieses Keramiksockels, ist an allen Wänden entlang ein Zierstreifen mit folgenden Sprüchen lesbar: "*Gott ist die Macht, Gott ist der Ruhm, und Gott ist das Königreich*".

Überblick aus dem Gipfel des Comares Turmes

Gebetsraum und Albaicín.

MEXUARGEBETSRAUM.

Am Ende des Mexuar Saals und zum Albayzin hinüberschauend befindet sich dieser Raum, der unter der Explosion von 1590 so stark litt, dass er damals vollkommen restauriert werden musste. Im Jahre 1917 wurde diese Restaurierung vollendet .Wird ein Plan der Alhambra betrachtet, so kann man sofort feststellen, dass dieser kleine Gebetsraum nicht der äusserlichen Mauerlinie folgt. Am Ende der Galerie des Machuca-Tors, wo früher der Eingang zu diesem Raum war, wendet sich plötzlich die Mauer gegen Südosten, damit der Mihrab oder Gebetsnische in Richtung Mekka schaut. An der Nordwand entlang befinden sich vier Fenster. Drei von ihnen sind Doppelfenster oder *ajimeces* mit kleinen Marmorsäulen und Alabasterkapitellen. Die wenig zuverlässig restaurierte Wand-dekoration ist aber nicht bemer-kenswert, mit Ausnahme vielleicht folgender Inschriften rings um den Mihrab herum, die sich auf Muhammad V. beziehen— *"Sei nicht träge, komm zum Gebet"*—und Nachbildungen der ursprünglichen verlorenen Platten sein konnten.

MEXUARHOF.

Dieser kleine Hof hiess früher ohne Grund «Patio de la Mezquita» (Moschee-Hof). Auf der Nordseite befindet sich der Cuarto Dorado oder Goldsaal und auf der gegenüberliegenden Seite eine eindrucksvolle Fassade, die immer als Haupteingang zu dem Comares-Palast betrachtet wurde. Wenn man die Stiche aus dem vergangenen Jahrhundert gesehen hat, die diesen Hof darstellen, dann ist die gut ausgeführte Arbeit der Restauratoren leicht zu erkennen. Diese unschicklichen Zusätze wurden mit der Zeit glücklicherweise abgebaut.

Eine weisse Marmorschale befindet sich heute im Hof an demselben Platz der anderen, die im Jahre 1943 hier angebracht wurde, um diese zu ersetzen. Drei Bogen bilden die Galerie. Sie ruhen auf feinen Marmorsäulen und die Kapitelle wurden im almohadischen Stil ebenfalls aus weissem Marmor hergestellt. Sie sehen aus wie stilisierte Nachbildungen der Tierformen der Stadt Persepolis.

Das gotische Doppelfenster im Goldsaal weist an der oberen Seite die Wappen der Katholischen Könige auf,

Mexuarhof und Nordfassadeorte.

denn unter ihnen wurde dieser Saal restauriert. Die ursprüngliche Decke wurde erhalten, aber sie wurde mit gotischen Elementen verziert. Die Holzdecke ruht auf einem Fries, an dem der Wahlspruch der Könige angebracht ist. Die mit Blattgold verzierte Decke -daher stammt der Namen des Raumes- wurde im Jahre 1965 zum letzten Mal restauriert. Ein unterirdischer Gang beginnt an der Ostwand des Hofes und endet im Bad des Comares-Palastes. Darin befinden sich kleine Räume, die vielleicht von den Truppen benutzt werden konnten.

Holzdecke des Goldenen Raumes

FASSADE DES COMARES-PALASTES.

Laut einigen Verfassern befindet sich diese an der Südseite des Hofes ge-legene Fassade nicht am richtigen Platz. Oleg Grabar behauptet, dass vielleicht *"andere Bau- oder Dekorationselemente die geeignete Richtung hätten angeben können"*.

Der Hof ist unproportioniert in Vergleich mit der eindrucksvollen Fassade. Und alle Besucher können bestätigen, dass dieser monumentale Bau nicht zu diesem kleinen dunklen Hof passt. Diese Fassade soll der Haupeingang zu dem Comares Palast gewesen sein. Derselbe D. Emilio García beweist mittels Baubelegscheine, die sich im Archiv der Alhambra befiden, dass dieses Portal zwischen 1537 und 1538 tatsächlich im Mexuar Hof aufgestellt wurde.

Drei Stufen aus weissem Marmor führen bis zur Fassade hinauf, deren "Atauriques" -Ornamentik von unten nach oben an Pracht zunimmt und unter dem Vordach endet. Diese feine Schnitzarbeit weist hölzerne Kragbalken auf, die auf einem ebenfalls aus Holz geschnitzten Fries ruhen.

Im 19. Jahrhundert wurde diese Fassade stark restauriert. Mehrere Gipsstreifen verlaufen zwischen den Zierplatten an der Wand entlang. Die seitlichen Doppelfenster und das kleine in der Mitte sind ringsum mit Streifen verziert, die magrebische Schriftzüge mit dem Wahlspruch der Dynastie aufweisen:
«Es gibt keinen Sieger ausser Allah».

Die Türen sind mit stuckbesetzten Leisten eingefasst, und dazwischen befindet sich eine grosse rechteckige Platte. Die Inschriften ringsum stellen mehrere Sprüche aus dem Koran dar, in kufischer Schrift verarbeitet.

Die Kacheltafelung oberhalb der Türoberschwellen stammt noch aus der muslimischen Zeit, aber die an den Türpfosten entlang angebrachten sind modern, genauso wie das Kachelwerk am Sockel.

Diese monumentale Fassade muss einen grossen Eindruck erzeugt haben. Sie war polychromiert wie ein Persertteppich, ihre Reliefs und das Vordach waren mit Blattgold versehen, und die Türen aus Bronze glänzten wie Gold. Über einen Gang mit Windungen gelangt man in den Myrtenhof

La Fachada de Comares

FASSADE DES COMARES-PALASTES.

Laut einigen Verfassern befindet sich diese an der Südseite des Hofes gelegene Fassade nicht am richtigen Platz. Oleg Grabar behauptet, dass vielleicht "andere Bau oder Dekorationselemente die Geeignete Richtung hätten angeben können".

Diese monumentale Fassade muss einen grossen Eindruck erzeugt haben. Sie war polychromiert wie ein perserteppich, ihre Reliefs und das Vordach waren mit Blattgold versehen, und die Türen aus Bronze glänzten wie Gold.

COMARES

SALÓN DEL TRONO

TORRE DE COMARES

SALA DE LA BARCA

PATIO DE ARRAYANES

PATIO DE LOS ARRAYANES

DER MYRTENHOF

Dieses Ensemble ist zusammen mit dem Botschaftersaal der wichtigste Bereich in der ganzen Alhambra. Strenge Linien und ausgeglichene Proportionen geben dem Hof eine ruhige Stattlichkeit, so dass die adlige Erhabenheit der Könige, die ihn erbauten, heute noch bemerkbar ist.

Seine Masse wurden treffend konzipiert. Und wenn der Hof einmal verjüngt nachgemacht wurde, so ergab sich ein erbärmlicher, sogar lächerlicher Bau.

Der Myrtenhof war der Mittelpunkt der diplomatischen und politischen Tätigkeit in der Alhambra, und wahrscheinlich der Raum in dem die grossen Empfänge der Botschafter stattfanden, und wo die wichtigen Persönlichkeiten warteten, bis sie von dem Sultan empfangen wurden. Bis jetzt wurde dieser Bau Jussuf I. zugeschrieben. Immer wurde gesagt, dass der ganze Bereich unter diesem König entstand, auch wenn die Ornamentik von dessen Sohn Muhammed V. verordnet wurde . Don Emilio García Gómez bestätigte in seinem Werk über das Manuskript von Ibn Al-Chatib, dass sich unter Jussuf I. hier nur ein ebenes Gelände mit einem Teich in der Mitte befand.

Es war also Muhammad V. der diesen monumentalen Hof erbaute. Er schonte die Räume, die unter seinem Vater entstanden: die Galerie und den Saal des Schiffes, den Comaresturm mit dem Botschaftersaal und das Bad dieses Palastes. Die Ost- und Westseite sind genau 36,60 m lang, aber die Nord-und Südseite weisen einen Unterschied von 0,45 m auf. Die Nordseite ist 23,50 m lang und die Südseite 22,95 m.

Im Mittelalter kam der Besucher durch den Haupteingang an der Südseite hinein, und begegnete dem gewaltigen Wasserspiegel, in dem sich der weisse

Zugang zum Botschaftersaal

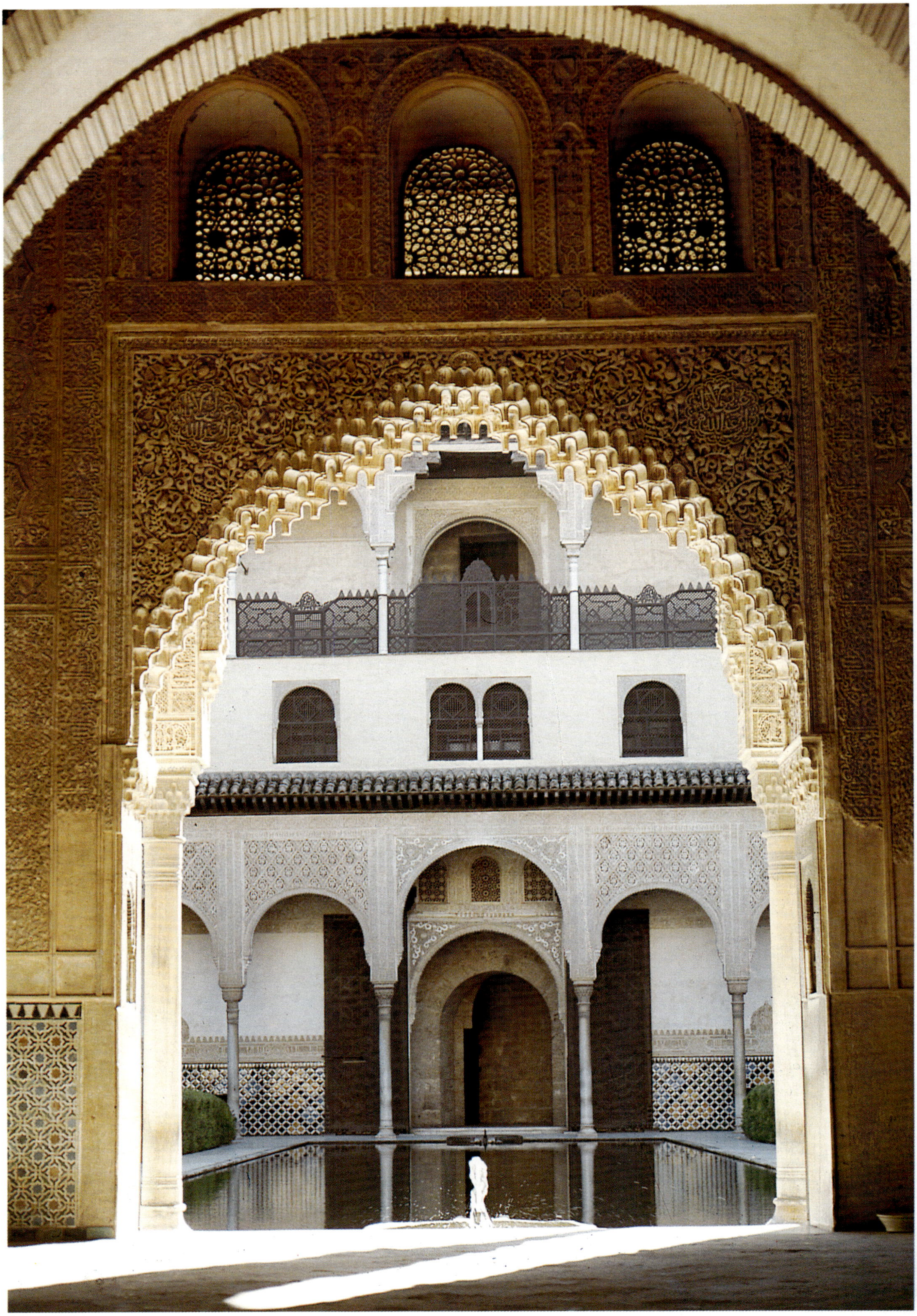

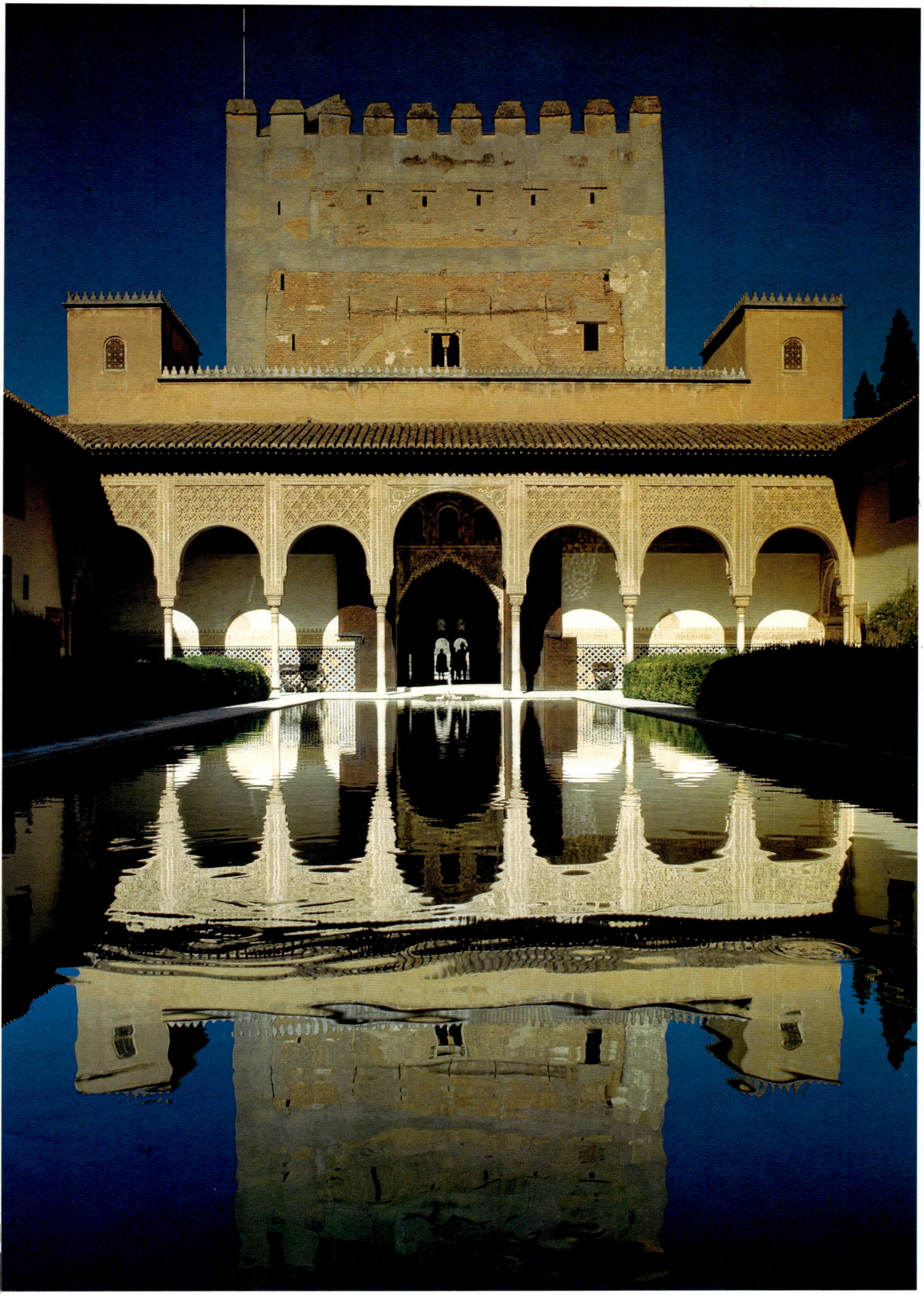

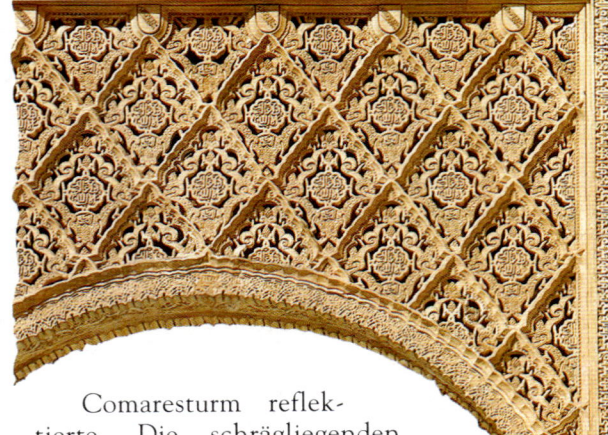

Comaresturm reflektierte. Die schrägliegenden Böden aus weissem Marmor liessen das Wasser des Teiches bis zu den Säulenfüssen kommen, so dass die nördlich gelegenen Säulen auf dem Wasser gestützt erschienen.

Der ganze Bau verwandelte sich zusammen mit dem Turm in ein schwimmendes Schloss. Das heisst, "wenn in Europa Luftschlösser gebaut wurden, entstanden in Granada Schlösser im Wasser". Der Teich diente vor allem als Spiegel, genauso wie es im später erbauten Tadj Mahal in Agra (1630-1647) der Fall war.

Wird also angenommen, dass der Comarespalast von der Südseite aus betreten wurde, so war der heutige Zugang von den Mexuarräumen herkommend ein Nebeneingang, aber nie der stattliche Zutritt, der an einem Königshaus zu erwarten ist.

Mehrmals wurde behauptet, dass die unteren Seitenwände keine Keramikplatten hatten, und dass der Jasmin und die Rosen in Blumenbeeten an der Mauer entlang wuchsen. Wenn man aber die an der unteren Seite unterbrochene Gipsdekorationen ringsum um die Türen betrachtet, kann man leicht erkennen, dass bis in diese Höhe Kacheln angelegt waren. Diese Tafelung glich wahrscheinlich den mittelälterlichen Fliesen, deren Überbleibsel in den «takas» oder Alkoven der Nordgalerie noch erhalten sind, und die abstrakt die Wasserspiegelung des Teiches nachbilden (gleich dem Braque oder Escher Stil in unseren Tagen).

Die südliche Galerie weist einen modernen Keramiksockel auf, eine Nachbildung des anderen aus dem 17. Jahrhundert, der sich an der Nordseite befindet. Sieben Bogen stützen die mit sieben kleinen Kuppeln versehene Kassettendecke. Die Alkoven in den beiden Ecken sind etwas kleiner als die anderen zwei in der Nordgalerie. Der grössere Zentralbogen stützt sich auf Kapitellen mit «mocárabes», genauso wie in Isphahan. Die anderen drei Bogen zu beiden Seiten erheben sich über würfelförmigen Kapitellen.

Hinter dem Zentralbogen befindet sich die sogenannte Krypta des Kaiserpalastes und die Überbleibsel eines Saales, der von den Mauern des

Mosaik der Thronnische

Beleuchteter Myrtenhof

christlichen Palastes in zwei geteilt wurde, und der wahrscheinlich so gross wie der Saal des Schiffes war. In diesem Bereich befand sich wahrscheinlich die später in den Mexuar-hof versetzte Fassade. Die Laibung des moslemischen in die Krypta führenden Bogens weist eine zarte blaue Pflanzenverzierung auf. Oberhalb dieses Bogens sind drei kleine Fenster mit Gipsjalousien sichtbar.

Über dem Dach der Galerie erhebt sich ein langgestreckter Raum mit sieben Fenstern (das mittlere ist ein Doppelfenster), alle mit modernen Holzjalousien versehen. Dieser Raum war mit den oberen des Löwenhofes verbunden, und bot den Damen Gelegenheit, in den Hof zu schauen, ohne gesehen zu werden.

Diese Südfassade wurde von einem dritten Stockwerk abgeschlossen. Es handelt sich um eine Galerie mit einer schlingenförmigen Holzdecke und sieben Bogen, von denen der mittlere eine flache Oberschwelle mit stufenförmigen Holzstützen aufweist.

Alle Öfnungen dieser oberen Galerie wurden im vergangenen Jahrhundert mit Holzjalousien versehen. Die Inschriften aus Gips und Holz an dieser Südfassade beziehen sich auf Gott und den Sultan, und sind meistens Abbildungen der anderen an der Nordseite angebrachten Verzierungen. Die erste Tür auf der anderen Langsseite (südliche Ecke) führt in den Löwenhof, und die letzte war der ursprüngliche Zutritt in das Comaresbad. All diese Räume haben zwei Etagen, die obere durch Doppelfenster beleuchtet. Manche dieser Räume weisen erhöhte Ziegelfussböden auf. Wahrscheinlich wurden sie von den moslemischen Beamten benutzt, die auf einem solchen Fussboden sitzend arbeiteten.

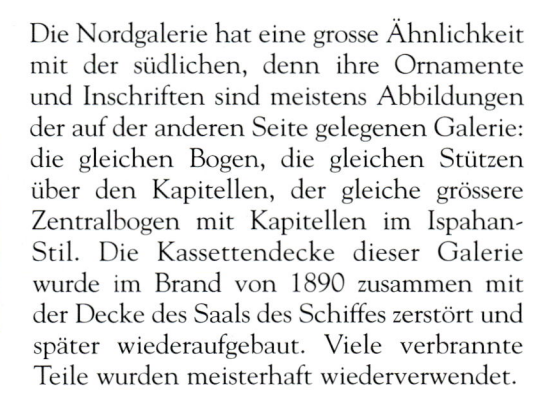

Die Nordgalerie hat eine grosse Ähnlichkeit mit der südlichen, denn ihre Ornamente und Inschriften sind meistens Abbildungen der auf der anderen Seite gelegenen Galerie: die gleichen Bogen, die gleichen Stützen über den Kapitellen, der gleiche grössere Zentralbogen mit Kapitellen im Ispahan-Stil. Die Kassettendecke dieser Galerie wurde im Brand von 1890 zusammen mit der Decke des Saals des Schiffes zerstört und später wiederaufgebaut. Viele verbrannte Teile wurden meisterhaft wiederverwendet.

Rechtsliegende Nische im Botschaftersaal

SAAL DES SCHIFFES

Überall erscheint die Begrüssung «baraka» (Segen). Wahrscheinlich entstand der Namen durch die Wiederholung dieses Wortes, das eine grosse Ähnlichkeit mit dem spanischen Wort barca (Schiff) aufweist. Ausserdem war die Form der Decke, gleich einem auf den Kopf gestellten Schiff, ein visueller Anhaltspunkt für diese Bezeichnung.

Zu beiden Seiten des Raumes befinden sich Alkoven mit gestelzten Bogen und ein Abort auf der Westseite.

An der Laibung des Torbogens befinden sich zwei schöne ausgemeisselte Nischen, in denen Behälter mit Wasser, Parfüme oder Blumen waren. Aber hauptsächlich war es Wasser, als ein Symbol von Gastfreundschaft, wie man aus den Gedichten um die Nischen herum ersehen kann.

Die Kacheltäfelung stammt aus der ersten Hälfte des 14.Jahrhunderts. Die halbzylinderförmige Kassettendecke (1965) ersetzt diejenige, die durch den Brand von 1890 zerstört wurde. Hinter dem in den Botschaftersaal führenden Bogen befinden sich zwei kleine Räume. In dem linken ist eine kleine Tür sichtbar, die mittels einer Treppe in die verschiedenen Stockwerke des Turmes führt, und der rechte Raum diente für das Gebet.

Myrtenhof (180º)

Espejismos

WIEDERSPIEGLUNG

Die festen Marmorsäulen zittern unsicher auf dem Wasserspiegel genau so wie der Wind om der Wüste den Sand wiegt. Alles ist Bewegung und Trennung. Alles strebt nach seinem eigenen Ende. Nur Gott ist ewig und einmalig. Nur der Schöpfer ist unveränderlich. Kannst du etwa die nächste Secunde deines Lebens erreichen? Du fühlst deinen Leib, kannst du aber deine Seele berühren? Du bist vergänglich wie die Wiederspiegelung, wie der Staub in der Wüste, der von Allah weggeblasen wird

El Patio de los Leones

Der Löwenhof

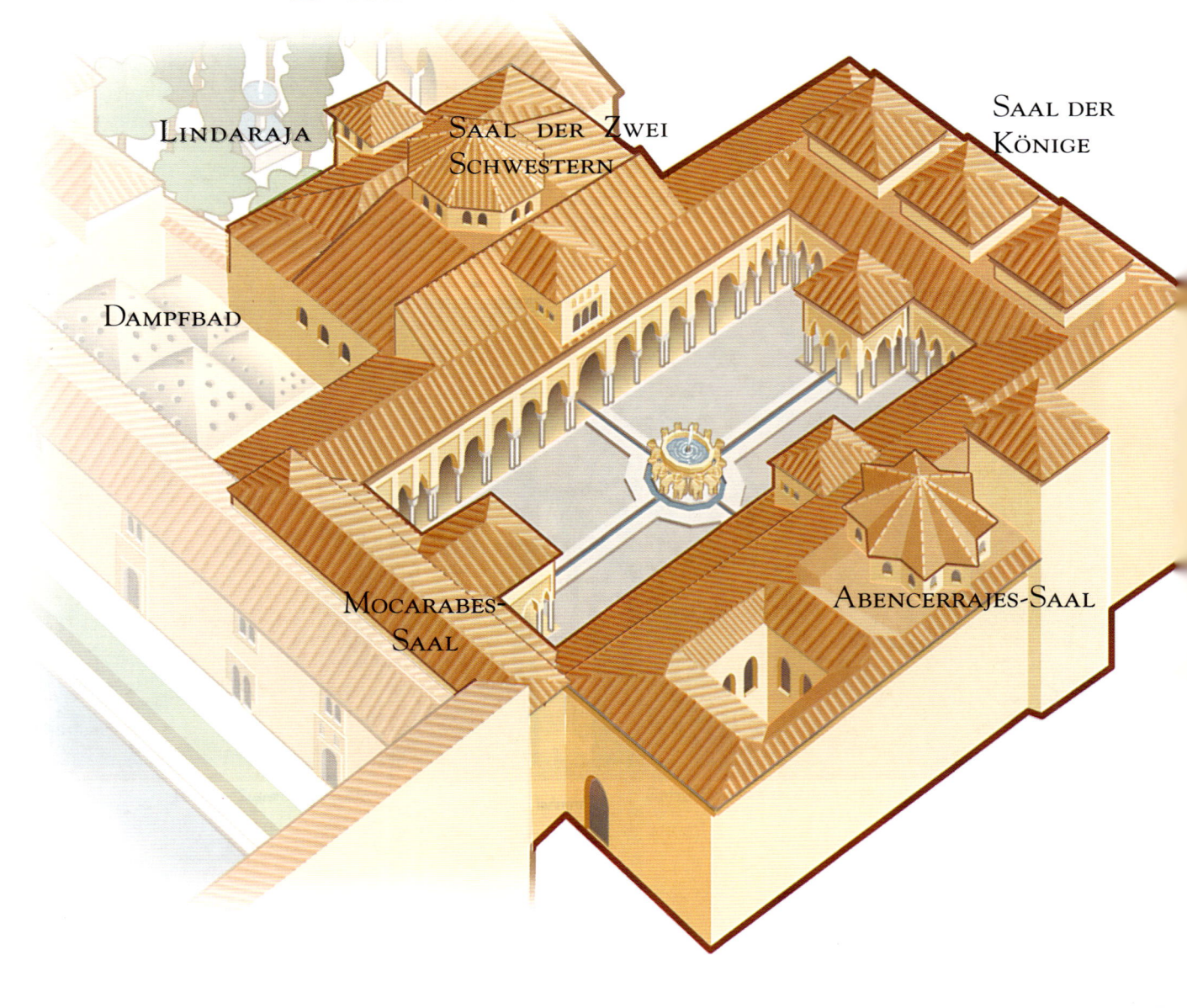

- Lindaraja
- Saal der Zwei Schwestern
- Saal der Könige
- Dampfbad
- Mocarabes-Saal
- Abencerrajes-Saal

Espejismos

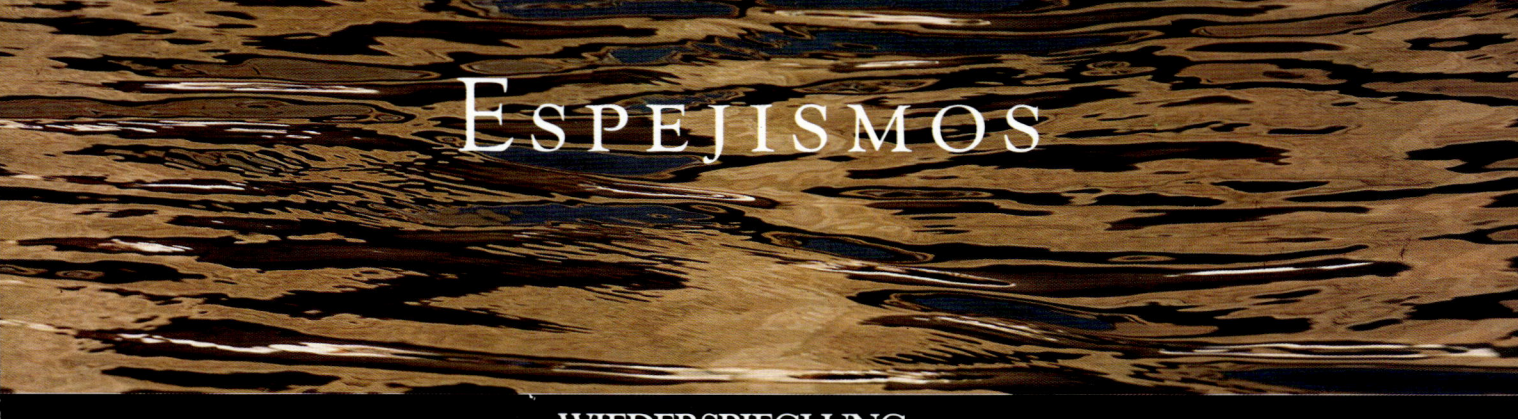

WIEDERSPIEGLUNG

Die festen Marmorsäulen zittern unsicher auf dem Wasserspiegel genau so wie der Wind om der Wüste den Sand wiegt. Alles ist Bewegung und Trennung. Alles strebt nach seinem eigenen Ende. Nur Gott ist ewig und einmalig. Nur der Schöpfer ist unveränderlich. Kannst du etwa die nächste Secunde deines Lebens erreichen? Du fühlst deinen Leib, kannst du aber deine Seele berühren? Du bist vergänglich wie die Wiederspiegelung, wie der Staub in der Wüste, der von Allah weggeblasen wird

Der Mihrab wurde durchbrochen, damit das Licht von dem Lindaraja Hof hier eindringen konnte.

An der Laibung des nächsten Bogens befinden sich zwei weitere Nischen, deren Gipseinschriften sich auf die Wasserkrüge beziehen, die darin standen. Rechts kann man lesen: «Der Wasserkrug erscheint in mir wie ein Gläubiger, der in der 'quibla' im Tempel von Gott gedankenabwesend ist (...) und bietet dem Durstigen Erholung». Auf der linken Seite steht: «Der Durstige der zu mir kommt wird von mir bis zu einem Ort geführt, wo er sauberes frisches Süsswasser finden wird».

In der Verzierung dieses Bogens ist noch etwas Blattgold sichtbar und in den Nischen Überbleibsel ihrer früheren Polychromie. Die weissen Marmorplatten am Eingang unterhalb der Nischen waren früher blau und goldgelb bemalt.

DER BOTSCHAFTERSAAL

Er sieht trotz der fehlenden Fensterglässer wunderbar aus. Diese wurden durch die Explosion von 1590 zerstört. Sie waren die durchsichtige Fortsetzung der Wandkacheltafelung, mit der gleichen geometrischen Anordnung. Die geradegeschnittenen Keramikteile an der Wand entsprachen den Streifen aus Blei, die die bunten Gläser einfassten. Das Licht kam durch diese bunten Gläser in den Raum und schimmerte auf dem blauen und goldgelben Boden. In der Mitte des Raumes befinden sich noch Überbleibsel dieser Platten, heute mittels eines Strickes geschützt. Aber nicht alle Teile sind original, nur diese, in denen die blaue Farbe ringsum um die Wappen flach verarbeitet wurde, damit sie beschwerdelos mit blossen Füssen betreten werden konte. Die anderen Platten mit Reliefs oder Erhebungen um die Farben herum wurden erst nach der Eroberung angebracht und befinden sich gemischt mit den ursprünglichen.

Dieser quadratische Saal (11,30 Meter lang) hat auf jeder Seite drei 2,50 Meter tiefe Balkone mit schönen kassettierten Holzdecken. Die mittleren Öffnungen weisen geteilte Bogenfenster auf.

Im nördlich gelegenen Hauptbalkon wurde der Thron aufgestellt, wie sich aus den Inschriften ergibt, die oberhalb der Kacheln in diesem Raum an der Wand entlang verlaufen. Darin steht: «(...) Jussuf (...) wählte mich um die Stelle des Thrones im Königreich zu übernehmen. Von hier aus übte der Sultan eine gewisse psychologische Macht über die Bürger aus, die sich geschützt unter dem Blick ihres religiösen, politischen und militärischen Herrschers fühlen mussten. Der Sultan sass vor den bunten Gläsern, und die ankommenden Botschafter sahen vielleicht schon am Eingangstor seine Silhouette im Gegenlicht und drangen gehemmt vor, durch den bunten und goldschimmernden Raum, bis zu ihm hin.

Heutiger Zustand der Saaldecke

Farbige Rekonstruktion der Decke nach D. Darío Cabanelas

Durch die damals geöffneten Fenster der Südseite konnte der Sultan von seinem Thron aus die Stadt sehen, den Himmel und das Wasser, das sich im Myrtenhof wie ein Spiegel vor seinen Augen anbot.

Die Decke wurde prachtvoll von den Zimmermeistern des Königreiches ausgeführt. Sie ruht auf einem geschnitzten Holzfries, auf dem die Sure Nr. 67 des Korans dargestellt ist. Der dritte Vers lautet: «Er hat die sieben übereinandergelegenen Himmel erschaffen. In drei Suren werden die sieben Himmel erwähnt, die an der Decke dieses Saals dargestellt sind.

Sie besteht aus 8.017 Holzstücken, mit übereinanderliegenden Reliefs aus Zedernholz. Mehrere symmetrische Tafeln werden in der Mitte der Kuppel durch ein verziertes Viereck abgeschlossen.

Don Darío Cabanelas fand ein Täfelchen mit der Beschreibung der Farben, die an der Decke angebracht waren: weiss, rot, nussfarbig, hellgrün, nochmals rot, nochmals grün, und noch einmal rot, in dieser Reihenfolge.

Ibn Abass schrieb, dass der erste Himmel aus Smaragden bestand, der zweite aus roten Margaretenblumen, der dritte aus roten Hyazinthen, der vierte aus hellem Silber, der fünfte aus Gold, der sechste aus Perlen, und der siebente aus glänzendem Licht.

Mehrere Inschriften wiederholen sich in dem Saal in kufischer, magrebischer und spanischer kursiver Schrift ausgeführt, die ein schönes Verzierungsthema sind, wie der Spruch "Es gibt keinen Sieger ausser Allah" und Lobsprüche an Jussuf I. Eine kleine fast unbemerkbare Inschrift auf einem Kapitell am Bogen eines Alkovens bittet um Kürze und weist darauf hin, dass dieser Saal für öffentliche Zwecke dient. Sie lautet:

Wenig Worte und du wirst in Frieden gehen

Thronhal

El Patio de los Leones

Der Löwenhof

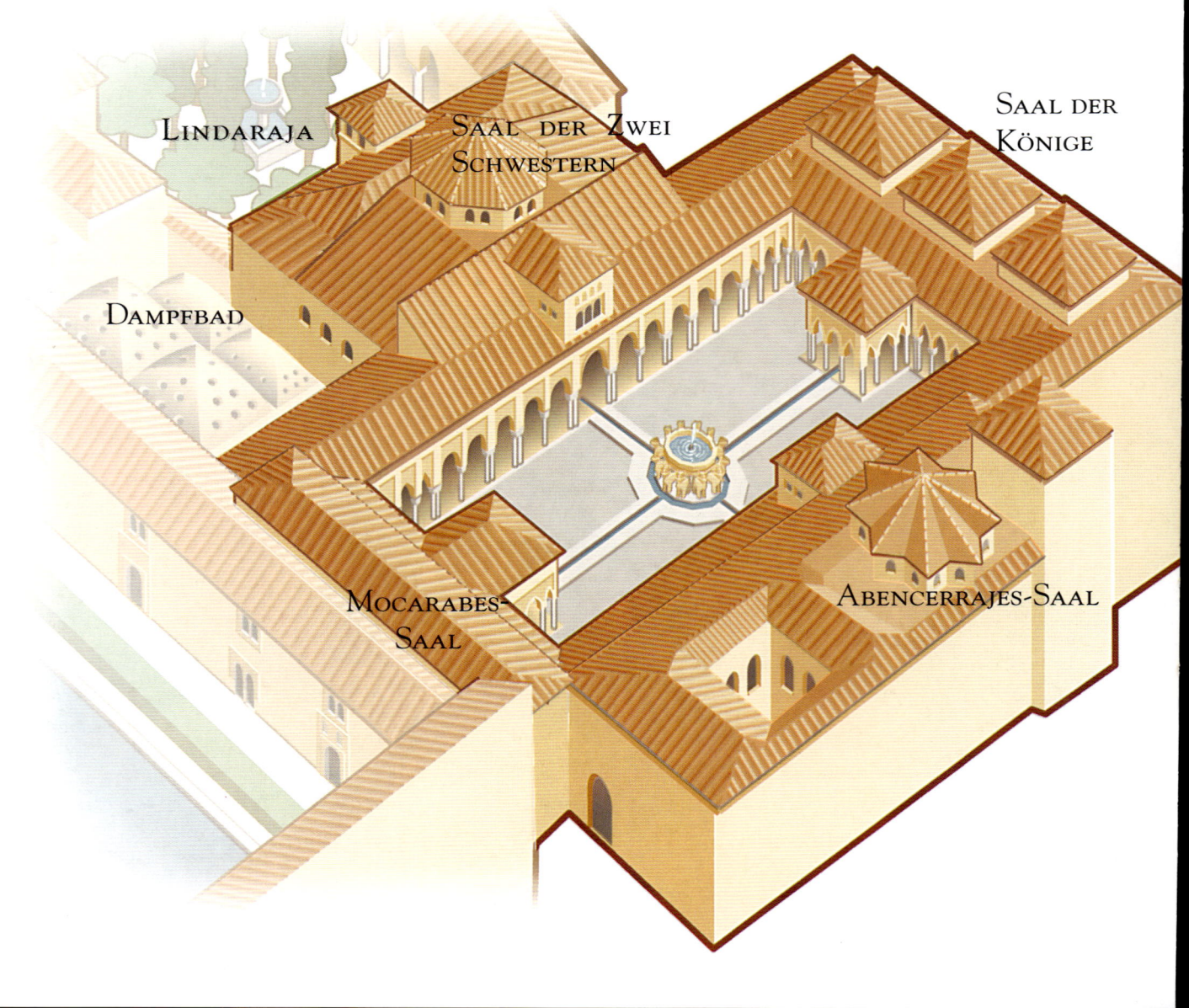

- Lindaraja
- Saal der Zwei Schwestern
- Saal der Könige
- Dampfbad
- Mocarabes-Saal
- Abencerrajes-Saal

DER LÖWENHOF

Der Löwenhof war das Zentrum der Privatresidenz des Sultans. Um den Hof herum lagen die Räume für die Frauen. Dieser Bereich diente nicht als Harem. Hier konnten auch diplomatische und politische Tätigkeiten stattfinden. Der Hof besteht aus einem Rechteck von 28,55x16 m, ohne dass die Marmorgehwege mitgerechnet werden, die erst neulich ausserhalb der 124 Säulen angelegt wurden. Es wurde bestätigt, dass am 30. Dezember 1362 im Löwenhof nur der Saal der Zwei Schwestern errichtet war, und dass die anderen Räume erst später entstanden. Wurde der Löwenhof betreten, so breitete sich vor dem Besucher allmählich die Pracht des Hofes aus, ganz gleich ob er nach rechts oder nach links am Kreuzgang entlang ging. Ein Wald von Goldsäulen stand vor ihm, gleich den "Goldfransen einer vom Himmel herunterhängenden Spitze", denn die Pflanzen im Hof liessen nicht sehen, dass die Schäfte auf den Marmorbasen ruhten.

Unter den würfelförmigen Kapitellen erheben sich die Pfeiler, auf denen flache Balken ruhen. Im Mittelalter war all dies blau, goldgelb, rot und grün bemalt, und die Einzelheiten mit schwarzer Farbe überzogen. Zwischen dem einen und dem anderen Pfeiler befand sich ein kleiner "Vorhang"-Bogen aus durchbrochenem Gipswerk, der nur als Verzierung diente. Ein Vordach aus geschnitztem Holz mit kleinen zierlichen Kragbalken verläuft oberhalb der Schwelle am Hof entlang und schützt die Verzierung der Bogen und Säulen. Die Kapitelle und Bogen wurden

Rahmen des Lindaraja-Aussichtsturmes

Der Löwenhof, frisch gewaschen

mit verschiedenen Motiven ornamentiert. Die Schäfte wurden mit den entsprechenden Kapitellen und Basen mit Blei vebunden. Mit diesen Fugen wurden die Beschädigungen infolge von Spannungen und Temperaturunterschieden vermieden.

Die beiden vorspringenden Pavillons an der Ost- und Westseite haben jedesmal in der Mitte eine kleine Schale mit Springbrunnen. Die Kugelgewölbe an den Decken wurden aus flachen Holzteilen hergestellt und weisen heute noch Überbleibsel ihrer früheren Polychromie auf. Das Dach des westlichen Pavillons bekam später oberhalb des Frieses einen Aufsatz, verziert mit Doppeladlern aus Gips, die auf die Bauzeit hinweisen. Der Löwenbrunnen in der Mitte des Hofes ergibt eine frische Umgebung. Zwölf Löwen aus weissem Marmor lassen das Wasser aus ihren Mäulern fliessen. In dem durchbrochenen Marmorzylinder aus dem heute das Wasser emporspringt befinden sich 16 Löcher in zwei übereinanderliegenden Reihen. Die kleinen Löcher in der oberen Reihe liessen das Wasser hineinfliessen und die grösseren weiter unten angebrachten Löcher dienten zur Entleerung. Die meistverbreitete Meinung ist jedoch, dass diese Löwen um die Wende vom 10. zum 11. Jahrhundert hergestellt wurden.Die Bogen mit rhombenförmiger durchbrochener Ornamentik, die dünnen Säulenschäfte und der Brunnen in der Mitte nahmen wahrscheinlich als Vorbild die damaligen Zisterzienserkreuzgänge. Der Hof ist von vier Räumen umgeben. Aus den darin angelegten Schalen fliesst das Wasser durch Marmorkanäle hinaus bis zu dem Löwenbrunnen.

MOCARABES-SAAL

Beim Verlassen des Myrtenhofes kommt man in diesen Saal. Das Gewölbe war ursprünglich mit Gipsarbeiten in Form von Stalaktiten (Mocárabes) verkleidet, und daher stammt der heutige Namen. Die Decke wurde durch die Explosion von 1590 zerstört, und im 17. Jahrhundert erneuert.

ABENCERRAJES-SAAL

Auf der südlichen Längsseite des Hofes befindet

Decke des Westpavillons

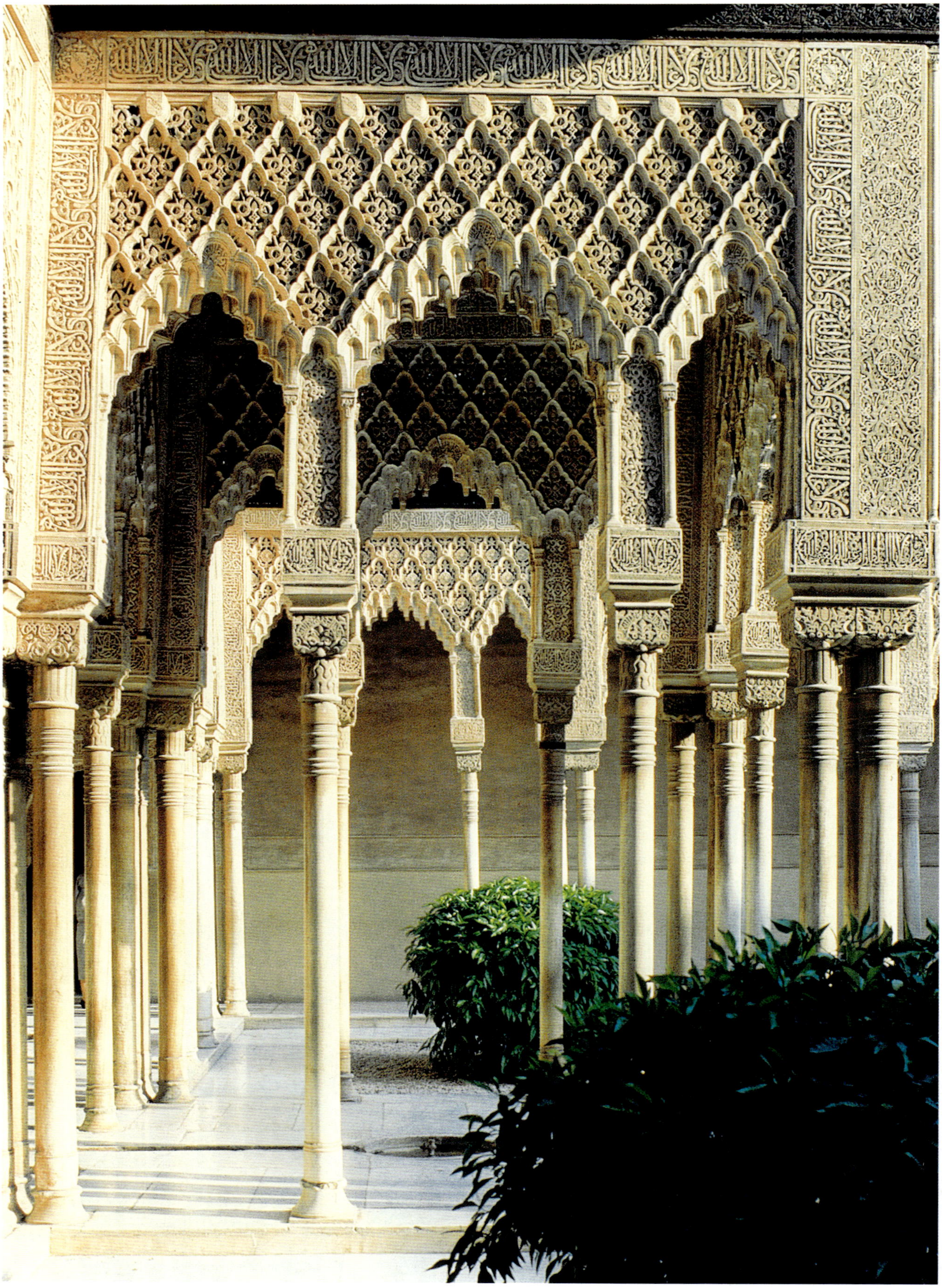

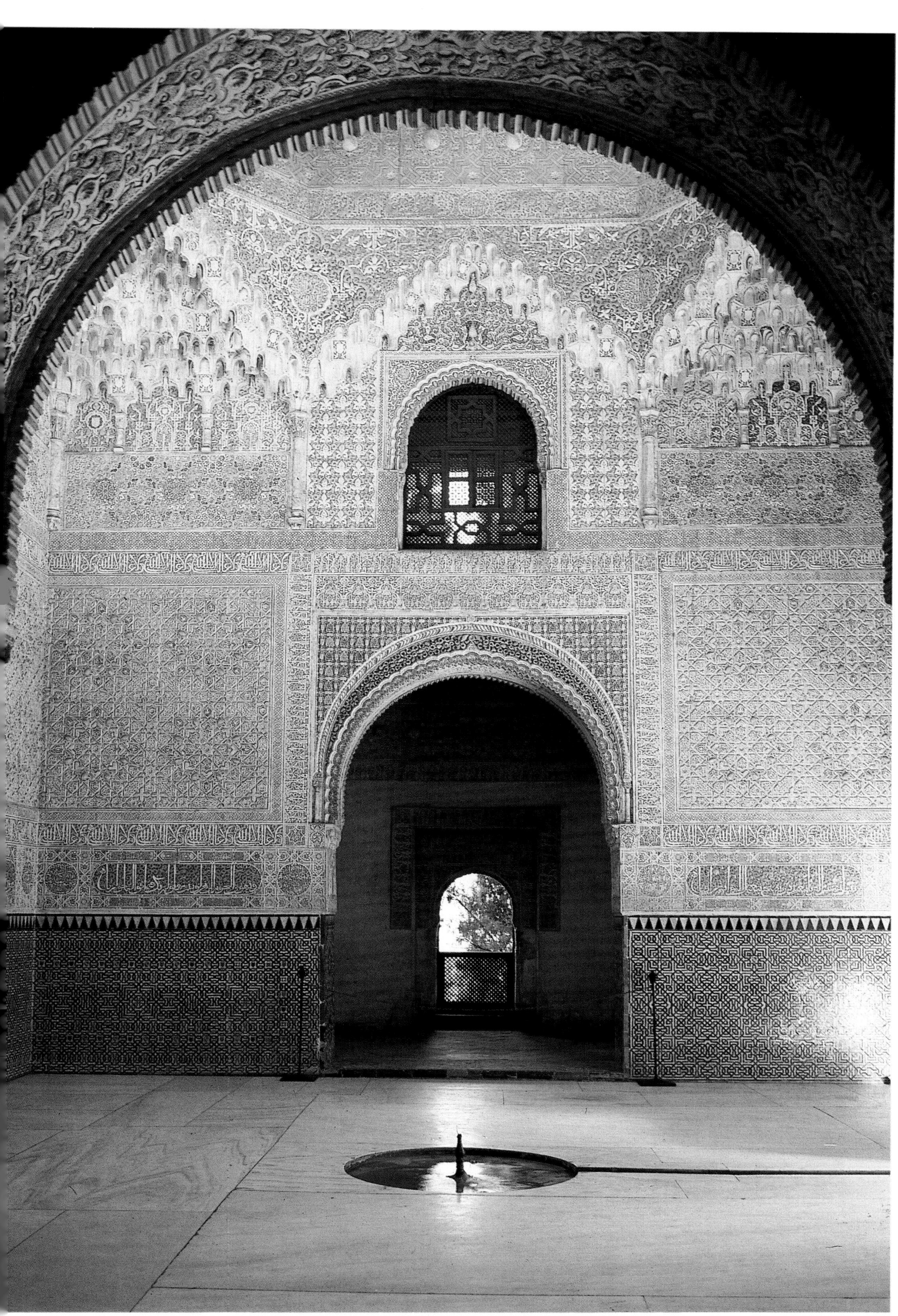

sich der Abencerrajes-Saal. Dieser Name stammt von einer Familie, die in Granada eine grosse politische Tätigkeit ausübte. Die oppositionelle adlige Gruppe der Zenetes zettelte eine Verschwörung gegen die Abencerrajes an, in der die Sultanin in eine Liebesaffäre gezogen wurde, um die Eifersucht des Sultans zu erwecken. Dieser verordnete dann den Tod von 36 Kavalieren der Familie Abencerrajes, die anlässlich einer Feier in diesem Saal umgebracht wurden. Die Legende und die Geschichte mischen sich häufig in Granada, so dass schlecht festzustellen ist, wo die eine beginnt und die andere aufhört. Diese Legende wurde mehreren Königen zugeschrieben. Die rötlichen Eisenoxidflecken im Brunnen sollen laut dem Volke das Blut der ermordeten Kavaliere sein. Dieser zwölfeckige Brunnen ist der Mittelpunkt des Raumes. Wenn das Wasser ruhig ist, wiederspiegelt sich darin die wunderbare Decke mit Stalaktitenornamentik, die aus einem Stern mit acht Zacken besteht. Als die Bewohner des Raumes hinter dem Brunnen auf dem Boden sassen, konnten sie die verschiedenen Bogen sehen, in den gegenüberliegenden Saal der Zwei Schwestern hineinschauen, und von dem Lindaraja-Aussichtsturm aus die Altstadt und den Himmel geniessen. Der Saal besteht aus einem Quadrat (6,25 m) mit dem Brunnen, und zu beiden Seiten befinden sich die Alkoven (2,85 m), die durch Säulen und Bogen abgegrenzt wurden. Die Kacheltäfelung befindet sich heute im Alkazar von Sevilla. Die heutigen Fliesen wurden im 16. Jahrhundert angebracht.

Die Tür in der südöstlichen Ecke des Hofes führt in einen Turm, der ein Gewölbe mit eiförmigen Kappen aufweist. Hierdurch kommt man in den Garten des Partals

SAAL DER KÖNIGE.

Er befindet sich auf der Ostseite des Löwenhofes und weist fünf Einteilungen auf. Das Licht kommt durch drei Portale von dem Hof in drei von diesen Räumen hinein, aber die anderen zwei bleiben im Dunkeln. Unterhalb der kleinen mit Stalaktiten dekorierten Gewölben sind zwanzig Fenster mit Gipsjalousien angebracht. Zu beiden Seiten befinden sich Alkoven, deren Bogen zur Achse des Raumes hingerichtet sind. Wird der Saal vom südlichen Alkoven aus betrachtet, so entfaltet sich zwischen den grossen Spitzbogen ein faszinierendes Spiel von Licht und Schatten.

Brunnen im Saal der Zwei Schwestern

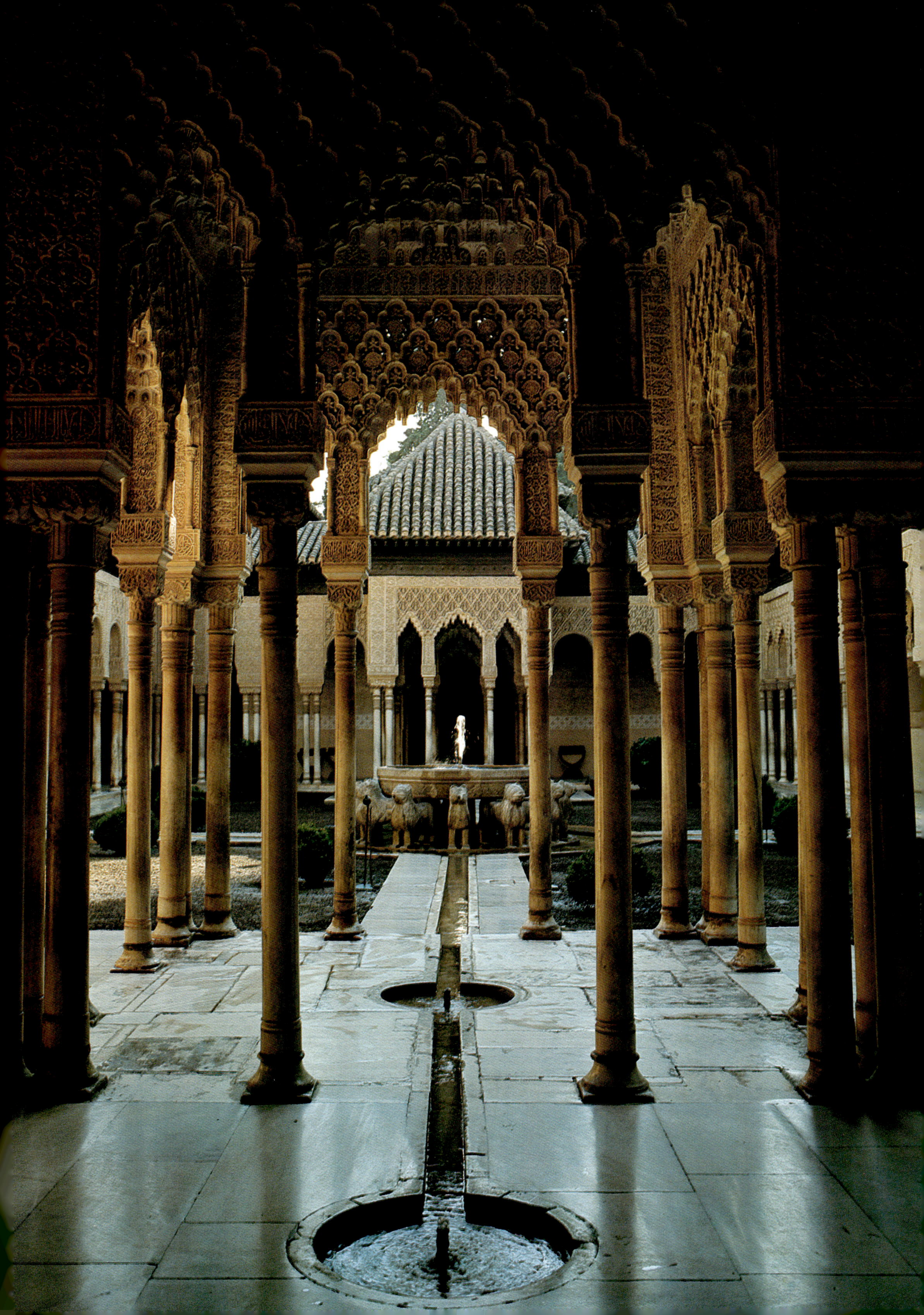

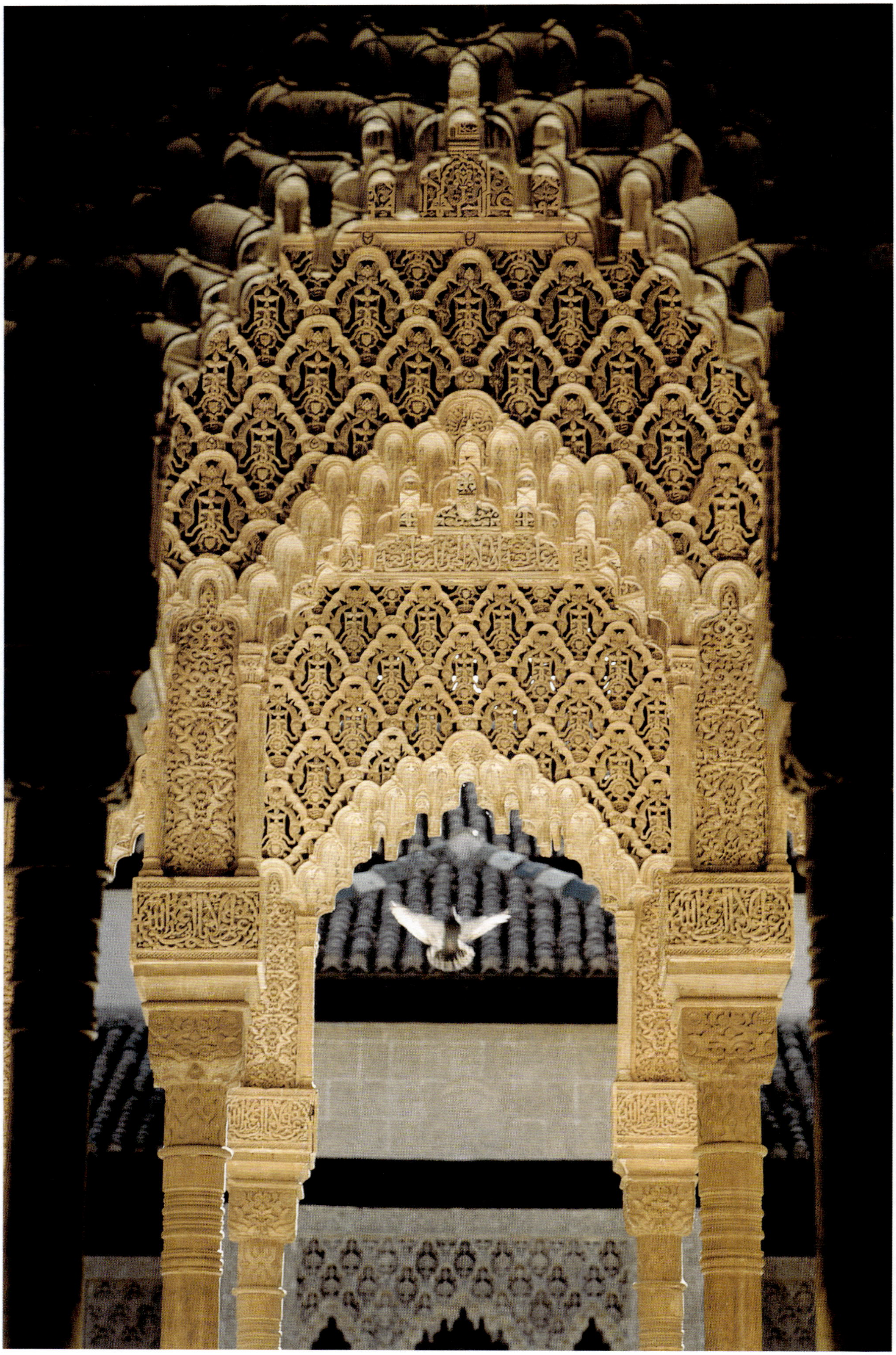

Decke des Abencerrajes-Saals

Die alternierenden Dekorationselemente und die Abwechslung von Licht und Schatten führen zu einem angenehmen Aussehen des Raumes, ohne Unruhe zu erzeugen, wie es in einem überladenen im Barock-Stil verzierten Raum der Fall ist. «Mit verschiedenen Elementen wurde hier das Gefühl von Harmonie erreicht, das heisst, die ideale Formel der modernen Dekorateure.

In jeder Alkoven-Loge befinden sich an der Decke auf Lammfell angebrachte Malereien, die an das dahinterliegende Holz mit Leim und Bambusnägeln befestigt waren. Damit wurde das Verrosten der Eisennägel verhindert, und ausserdem konnte sich diese nicht aus dem Holz lösen, wenn die Baumaterialien sich infolge der Sommerhitze ausdehnten. Sehr vieles wurde bis heute über den Ursprung und die Bedeutung dieser Malereien geschrieben. Nachdem das Werk des französischen Arabisten Massignon veröffentlicht wurde, sind die meisten Kunsthistoriker mit ihm einig, dass die Gemälde den Moslems zugeschrieben werden könnten, auch wenn sie grosse Einflüsse von den Abendländern aufweisen. Die Zentralloge wurde durch ihre privilegierte Lage ohne Zweifel dem Sultan und seinen Angehörigen zugewiesen. Wenn man von hier aus hinausschaute, erschien der Hof wie eine Oase, mit dem Palmenhain und dem Löwenbrunnen in der Mitte. Die Darstellungen an der Decke dieser kleinen Kammer zeigen die

Kuppel im Saal der Zwei Schwestern

ersten zehn Könige der Nasridendynastie. Es wird allgemein angenommen, dass diese Malereien um die Wende vom 14. zum 15. Jahrhundert entstanden sein sollen. Der vergoldete Hintergrund, die Hände, die Gesichtskonturen und die Sterne, die das Bild in zwei teilen, erinnern an die alten byzantinischen Tafeln. Die Malereien in den anderen Alkoven zeigen ein ähnliches Thema. Ein christlicher und ein muselmanischer Kavalier führen mehrere Heldentaten durch, wahrscheinlich um die Liebe einer christlichen Dame zu gewinnen. In der südlich gelegenen Kammer fällt der Muslim unter der Lanze seines christlichen Gegners, während die Dame mit anflehendem Blick die Szene von einem Turm aus betrachtet. Diese letzten Malereien weisen mit ihren zahlreichen Bilderdarstellungen eine grosse Ähnlichkeit mit dem frühen toskanischen Stil auf.

DER SAAL DER ZWEI SCHWESTERN

Dank dem Buch von Don Emilio García Gómez ist es heute bekannt, dass dies der älteste Saal des Löwenhofes ist. Seine ursprüngliche Bezeichnung ist wie bei den anderen Räumen unbekannt. Der heutige Namen (der zwei Schwestern) stammt von den beiden grossen Marmorplatten aus Macael (Almería), die sich in diesem Raum auf dem Boden befinden. Die Kacheltäfelung an der unteren Wand ist eine der schönsten und eigenartigsten der Alhambra und weist kleine Familienwappen mit metallenem Glanz auf. An den vier Wänden entlang verläuft oberhalb dieser Mosaike eine schöne Kasside von Ibn Zamrak. Sie beginnt in der linken Seite, wenn man zum Löwenbrunnen hinausschaut, und bezieht sich auf die Schönheit des Saals, gleich einem Garten, und auf die wunderbare Kuppel mit Stalaktiten, die aus mehr als fünftausend Stücken besteht.

Der quadratische Grundriss (8x8 m) verwandelt sich in ein Achteck mittels der mit Stalaktiten dekorierten Trompen, auf denen die achteckige Decke ruht. Zwei Fenster öffnen sich auf jeder Seite des Achtecks. Die bunten Fenstergläser, die das Licht auf die Stalaktitenornamentik projizieren, wurden im Jahre 1590 zerstört. Am Eingang zu diesem Saal kann man links und rechts einen Gang sehen. Der rechts gelegene führt mittels einer Treppe in das obere Geschoss und der linke zu einem kleinen Abort. Der Boden des Saals der Zwei Schwestern wurde ganz mit Marmorplatten belegt, von denen die zwei grossen an beiden Seiten des Brunnens hervorragen, die dem Gemach seinen heutigen Namen gaben.

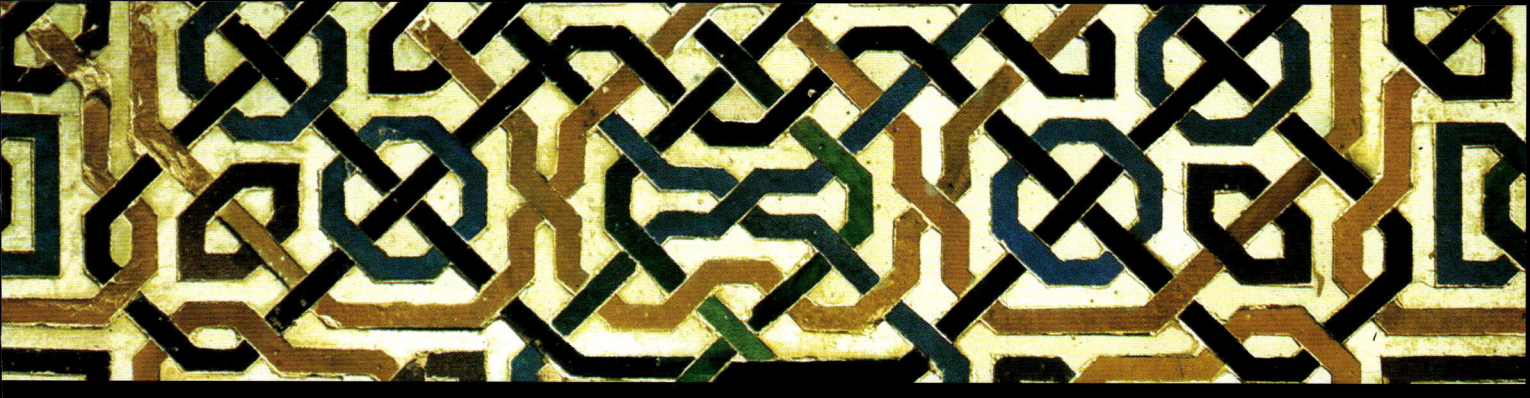

DAS MOSAIK

Die geometrische Form des Mosaiks ist mit der beharrlichen Vorstellung der Einheit Gottes stark verbunden. An dieser obersten, perfekten, unveränderlichen Einheit entsteht alles Erschaffene. Die Multiplikation beginnt mit der Eins und beweist die ursprüngliche Einheit, den Keim aller Dinge. Alle mathematischen Forschungen sind Widerschein der Gottheit und ihrer zahllosen Formen. Das Mosaik ist eine dieser Formen. Die umfassenden Kenntnisse der Araber stammen aus den alten Griechen und Ägyptern. Aus Indien brachten sie den wichtigen Begriff der Null. Dieses wertvolle Wissen wurde von den Arabern in das Abendland mitgebracht. Die anfängliche moslemische Kultur war Mischung und Auffassung der vorhergehenden Kulturen. Mit ihren eigenen Forschungen ergänzten die Araber ihre kenntnisse im Gebiet der Astronomie, Medizin, Ingenieurwissenschaft, usw. Ihre grosse Liebe zum Schreiben wurde dem Worte Gottes zur Verfügung gestellt.

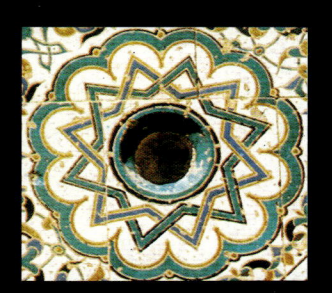

MIRADOR DE LINDARAJA

Wahrscheinlich stammt dieser Namen aus den arabischen Wörtern *ain-dar-Aixa* (die Augen des Hauses der Aixa). Als der Löwenhof und der Myrtenhof fertig gebaut wurden, wurde der Saal der Zwei Schwestern Wohnung für die Sultanin (dar-al Malika) und die königliche Familie. Die Fenster des Aussichtsturmes haben noch dieselbe Höhe wie früher. Ein schönes Doppelfenster oder "ajimez" lässt auf der Nordseite in den Lindaraja-Garten hinunterschauen. Eine christliche Galerie schliesst heute diesen Garten ab, aber bevor sie gebaut wurde, konnte von hier aus ein wunderbarer Anblick der Altstadt genossen werden. Als die Bewohner in diesem Raum auf dem Boden sassen, konnten sie von hier aus durch den Saal der Zwei Schwestern bis in den Löwenhof hinausschauen und den Himmel und die Wasserspiegelung des Brunnens sehen. Die Decke dieses kleinen Gemaches war mit bunten in Holz gefassten Gläsern verziert, so dass dieser damalige Thronsaal eine schöne Beleuchtung aufwies. Das Doppelfenster wurde ringsum mit einer Inschrift dekoriert, in der folgendes Gedicht erscheint: *"Fürwahr in diesem Garten bin ich ein Auge voll Freude, und die Pupille ist mein Herr"*. Hat dieses poetische Bild des Auges und seiner Pupille irgend eine Beziehung zu dem Namen des Raumes?

Die Kacheltäfelung am Sockel entlang besteht aus winzigen bunten Mosaiken. Die schwarzen Inschriften auf weissem Hintergrund an den oberen Türpfosten des Eingangsbogens beziehen sich auf Muhammad V. und weisen die kennzeichnenden Schlingen der arabischen Schriftzüge auf. Manche Spezialisten halten diese Mosaike für die allerschönsten in der Alhambra

Eingangsbogen im Saal der Zwei Schwestern

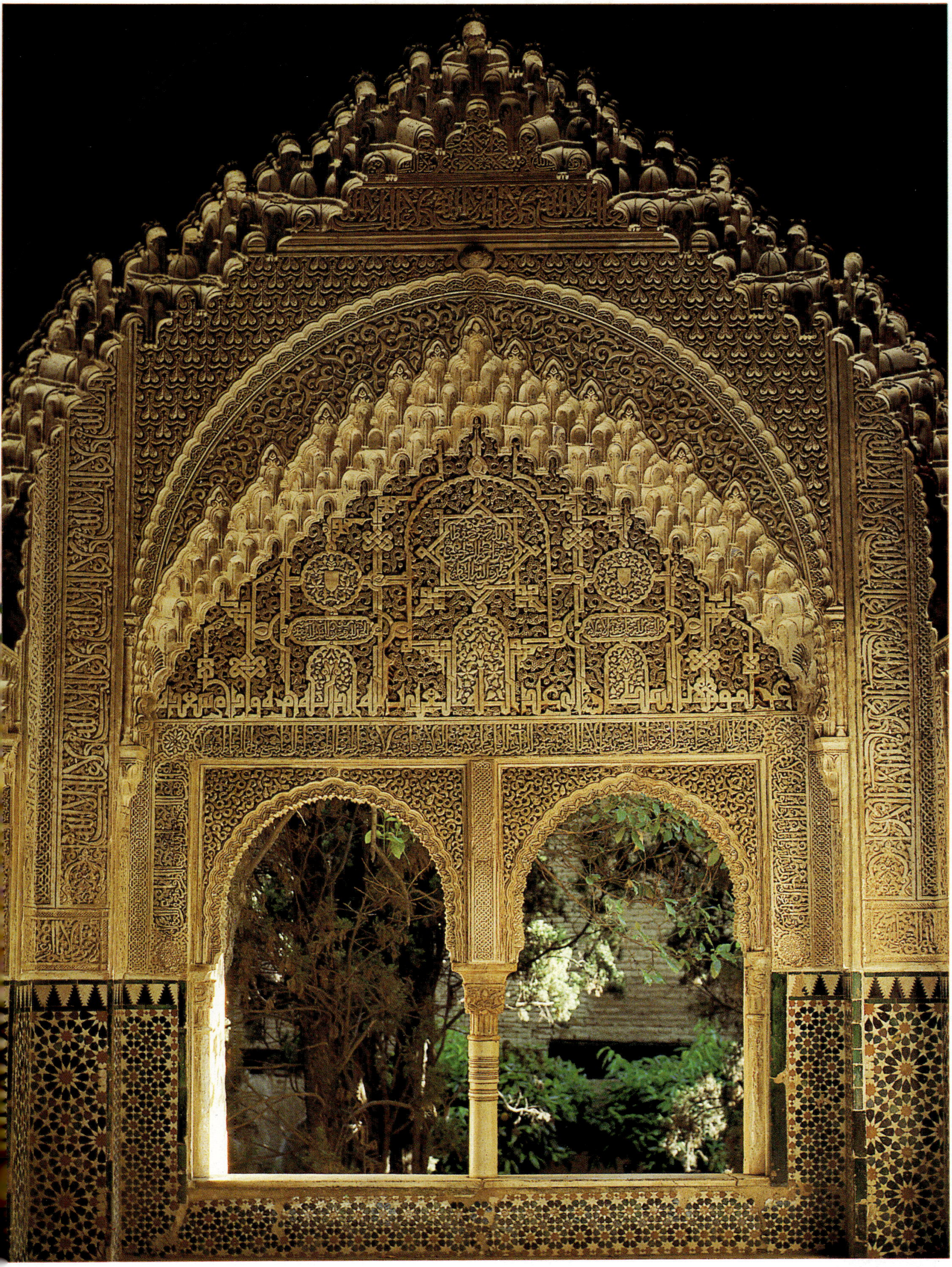

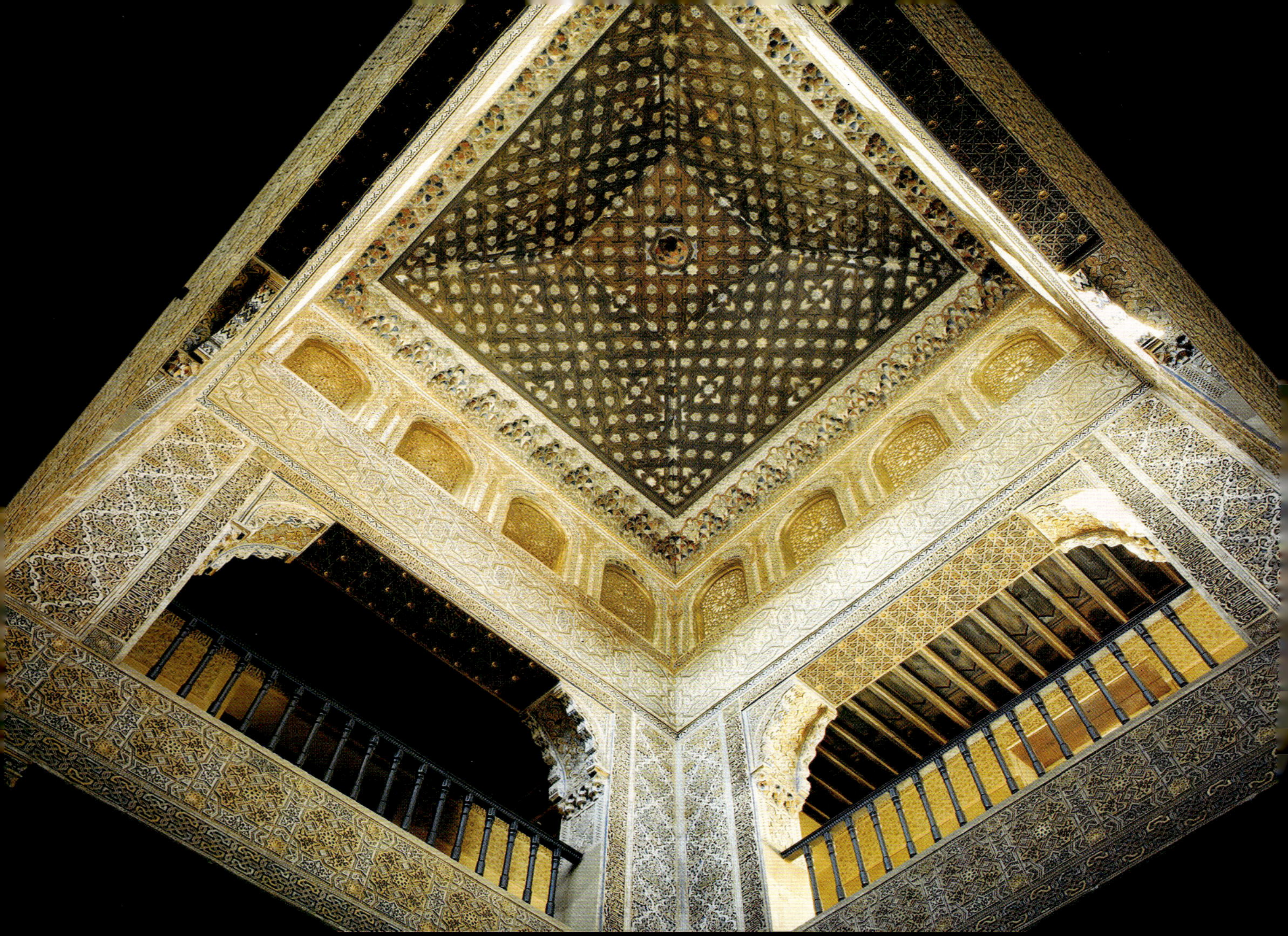

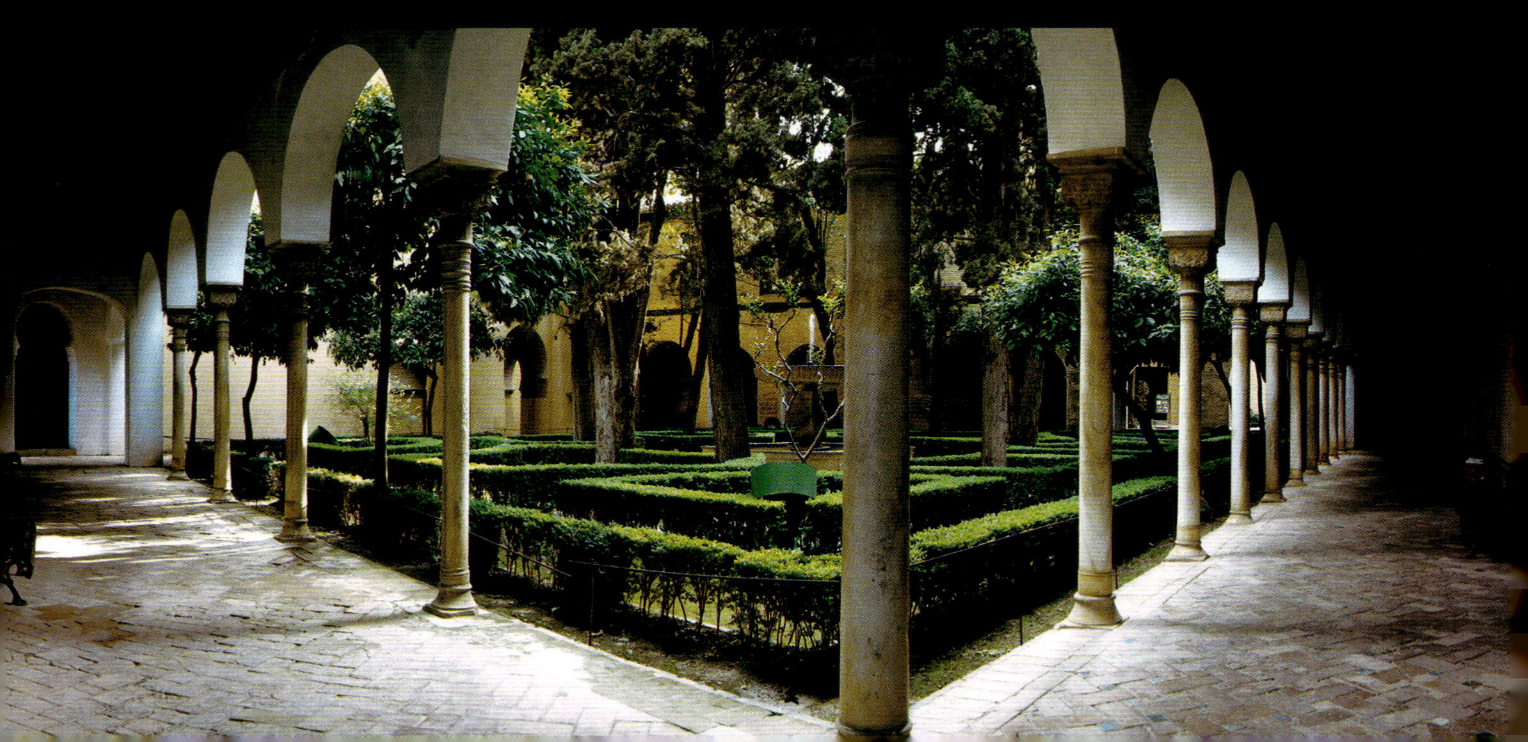

Los Baños

Die Dampfbäder

Das Bad spielte eine wichtige Rolle in der Gesellschaft und in der Politik Granadas, genauso wie in allen moslemischen Gebieten. Früher waren in der Schlosstadt mehrere Bäder vorhanden. Einige sind noch erhalten, und auch wenn sie stark restauriert sind, bilden sie ein gutes Beispiel der verfeinerten Lebensweise der Nasriden. Die wichtigsten Bäder befinden sich im Comares-Palast. Sie wurden von Jusuf I (1.333-54) als Ergänzung des offiziellen Palastes erbaut. Die Einteilung der klassischen römischen Bäder wurde von den Mohammedanern nachgebildet. Hier war das *Caldarium*, warmer Raum mit Becken und schön verarbeiteten Marmorbrunnen, das *Tepidarium* oder lauwarmer Raum und das *Apoditerium*, Ruhesaal oder Saal der Betten. Die zwei ersten Räume sowie ein kleiner kühler Vorsaal waren mit Kanälchen versehen, wodurch das heisse Wasser verlief. Die heisse Luft unterhalb dieser Kanäle erwärmte die Marmorplatten und erzeugte damit eine grosse Wasserverdunstung.

JARDINES DEL PARTAL

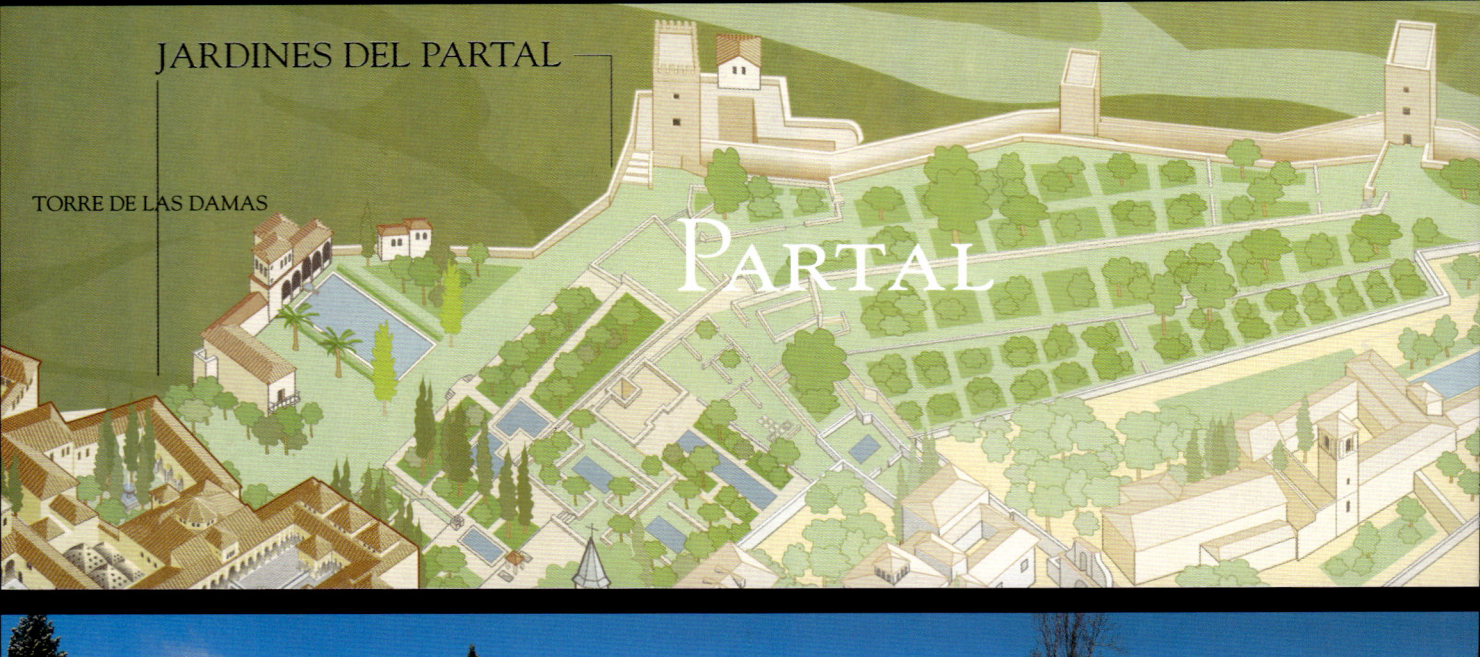

TORRE DE LAS DAMAS

Partal

El Partal

El Generalife

Según D. Francisco Prieto Moreno

DER GENERALIFE

Dies ist der einzige huete noch gut erhaltene Erholungsgarten auf dem Sonnenhügel. Der König Granadas verblieb hier längere Zeit und erholte sich von den Tätigkeiten des Hofes.

Da die Alhambra in der Nähe lag, konnte er im Notfall seinen Aufenthaltsort verlassen und sofort die notwendigsten Geschäfte erledigen. Ausserdem war diese Nähe des Palastes ein Symbol von Reichtum. Als man sich anderswohin nur zu Fuss oder su Pferd begab, war ein Sommerhaus unmittelbar in der Nähe des Hauptwohnsitzes ein Zeichen des guten Status des Besitzers.

Bis heute konnte noch nicht festgestellt werden, wo das Wort Generalife genau herstammt. Yannat al'-arif (Seco de l.ucena) bedeutet "Hauptgarten" laut Ibn al Chatib. "Garten des Architekten" ist es für andere, die nicht daran denken, dass sich das Wort «alarife» auch auf andere Tätigkeiten beziehen kann. Niemals wurden die Namen der Architekte in der Alhambra bekannt gegeben. In den Inschriften der Paläste wurden die Entwerfer immer ignoriert. Es ist daher sonderbar, dass der wichtigste Garten der Stadt oder sogar des Königreichs von Granada einem Baumeister geweiht werden sollte.

Der Ordensritter Hinestrosa bekam den Generalife von den Katholischen Königen zur Instandhaltung. Durch verschiedene Erbgänge kam er in die Hände der Familie Granada Venegas und zum Schluss wurde er von den Markgrafen von Campotéjar verwaltet, den Verwandten der Grimaldi-Palavicini aus Mailand.

Ein langer Prozess entstand zwischen den Inhabern und dem spanischen Staat, der diesen Garten für sich reklamierte. Der Prozess wurde von den Privatpersonen gewonnen, aber im Jahre 1921 wurde die Anlage von dieser Familie dem spanischen Staat übergeben.

Als Belohnung fur diese freigebige Vermögensübertragung gründete Alfons XIII. die Markgrafschaft des Generalifes. Aber im 18. Jahrhundert wurde von dem damaligen vermutlichen Besitzer eine Vermögenserklärung (von dem Verfasser dieses Werkes im Archiv

Hof des Kanals ohne Springbrunnen

Der Hof im Herbst

entdeckt) dem Finanzamt übergeben, und der Generalife wurde als "nutzniesserisches Eigentum" erklärt.

Wenn diese Urkunde seinerzeit eingereicht worden wäre, hätte der Staat den Prozess gewonnen. Nach dem Tod der letzten Markgräfin des Generalifes scheint es zweckmässig zum ersten Mal diese gesetzliche Tatsache bekanntzugeben, die 20 Jahre lang geheimgehalten wurde, um die alte Dame nicht zu verletzen, die wahrscheinlich ihr ganzes Leben lang an die gutgläubige Vermögensübertragung glaubte.

Von den früheren Gärten sind heute nur noch die stufenförmigen Terrassen erhalten. Diese angebauten schmalen Beete breiteten sich bis zum Berggipfel hinaus. Von oben aus konnten alle auf einmal betrachtet werden. Die bestimmten Blumen und Obstbäume gaben jeder Oberfläche eine besondere Farbe.
Die heutigen Gärten haben mit den mittelälterlichen nichts mehr zu tun. Blumen und Früchte wuchsen hier gemischt. Für die Moslems war auch das Gemüse schön, wie ein Paprika oder eine Artischocke. In dem heutigen Garten wird nur an den Duft und an den Anblick gedacht, aber im moslemischen Garten wurden diese Elemente mit dem Geräusch des Wassers und dem Geschmack des Obstes kombiniert, der unter den Bäumen spazierend genossen werden konnte.

Dies war «la huerta» (Obstgarten), aus dem Lateinischen «hortus». Mit diesem in andere Sprachen schlecht übersetzbaren Ausdruck wurde damals in Spanien der heutige Garten bezeichnet.

Wenn man von der Alhambra aus den schönen Rundblick geniesst, ist es begreiflich, dass Alhamar diese Hügel für seine Paläste wählte. Nur das Wasser konnte diese Anlage vervollständigen. Er liess das Wasser des Darro-Flusses durch 18 km. lange Kanäle fliessen, um das Ödland in eine Oase zu verwandeln, in das auf Erden versprochene Paradies.

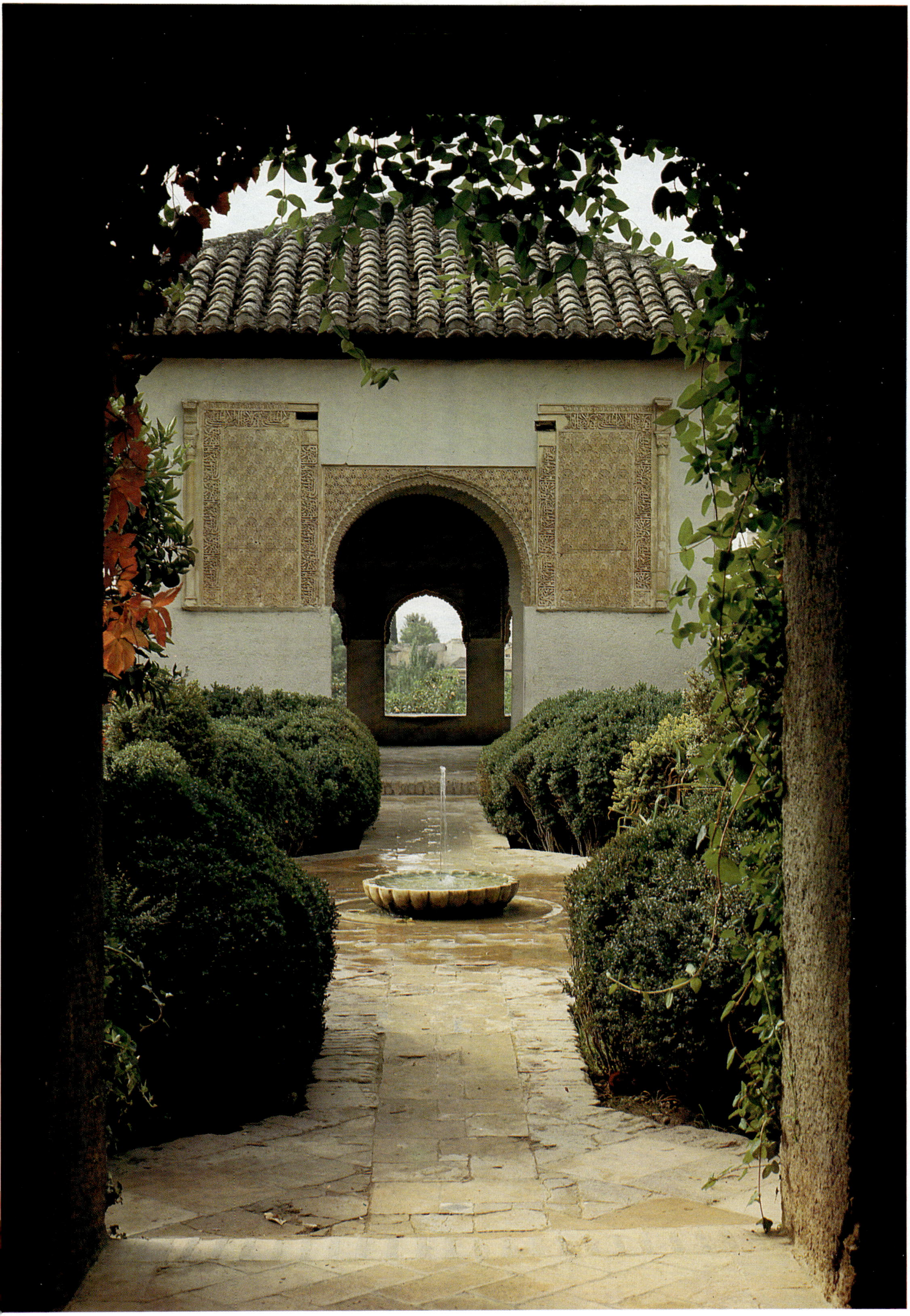

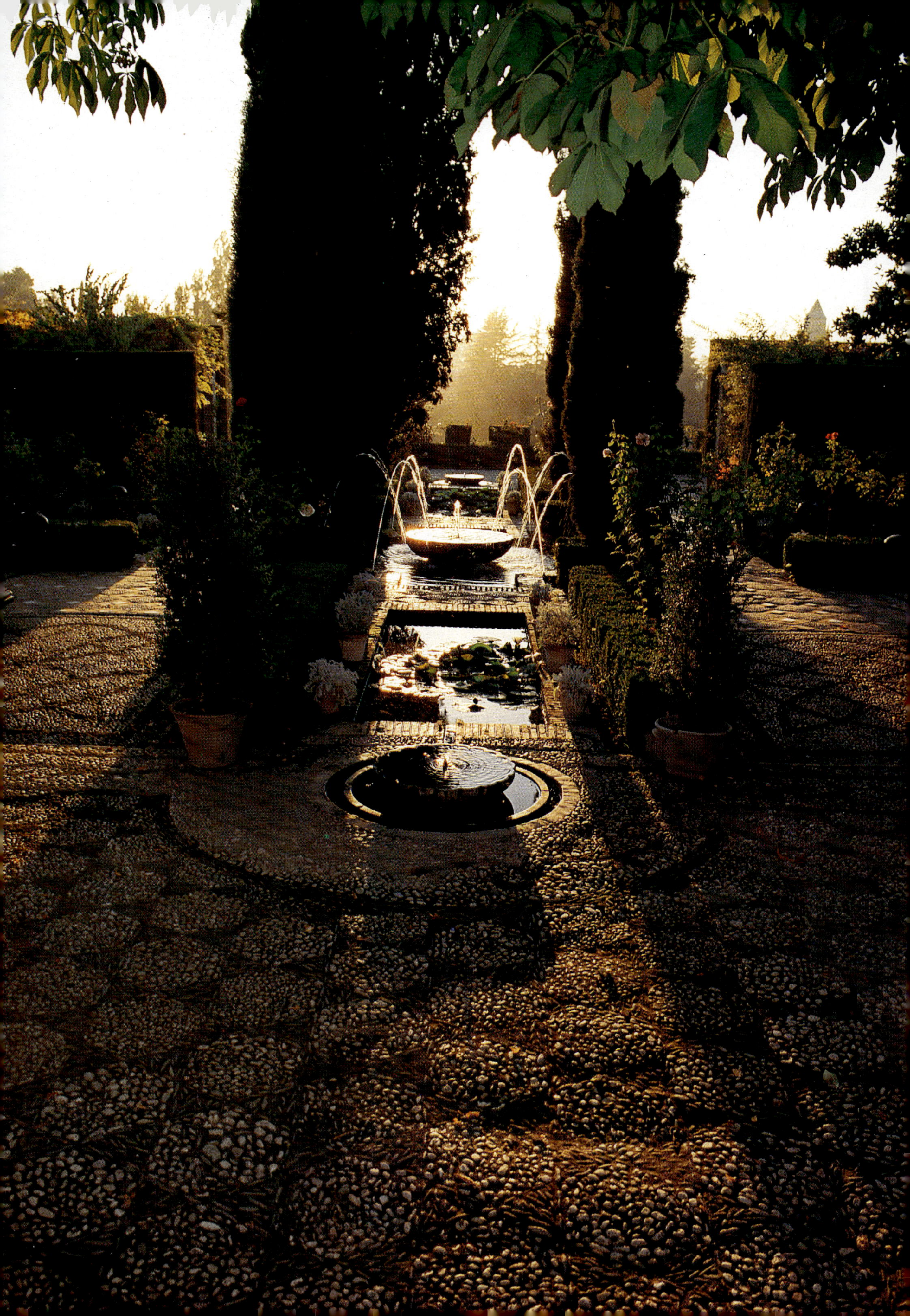

El Jardín

DER GARTEN

"Um ein Haus zwischen Gärten aufzustellen, soll ein kleiner Hügel ausgesucht werden, um die Überwachung zu erleichtern. Das Gebäude wird gegen Mittag ausgerichtet, am Eingang zu dem Grundbesitz, und am höchsten Punkt wird der Brunnen oder die Zisterne angebracht, oder noch besser ein im Schatten fliessender Bewässerungsgraben. In der Nähe werden Blumenbeete mit allen möglichen Pflanzen angelegt, damit das Grüne Freude macht, und etwas weiter entfernt verschiedene Blumensorten und andere Bäume mit perennierenden Blättern. Der Obstgarten wird von Weinstöcken umringt, und in der Mitte der Anlage sollen die in den Randbeeten angelegten Kletterreben den nötigen Schatten auf die Wege werfen. Ein offener Hof soll für die Ruhestunden gebaut werden, umringt von Kletterrosen, Myrten und anderen Blumensorten, die einen Garten verschönern. Er soll länger sein als breit, um von dessen Anblick nicht müde zu werden. *(Ibn Luyun)*

Springbrunnenhof (180º).

Die umfassenden Kenntnisse der Baumeister liessen Stauseen, Kanäle, Reservoire, Abflusskasten, Zisternen, Brunnenkasten und sogar Sandfilter entstehen. Dieses Wissen stand der Natur zu Verfügung, die fast so sorgfältig wie die Menchen behandelt wurde.

Ibn Luyun schilderte im 14. Jahrhundert die Bedingungen, die eine solche Anlage erfüllen sollte:

"Um ein Haus zwischen Gärten aufzustellen, soll ein kleiner Hügel ausgesucht werden, um die Überwachung zu erleichtern. Das Gebäude wird gegen Mittag ausgerichtet, am Eingang zu dem Grundbesitz, und am höchsten Punkt wird der Brunnen oder die Zisterne angebracht, oder noch besser ein im Schatten fliessender Bewässerungsgraben. In der Nähe werden Blumenbeete mit allen möglichen Pflanzen angelegt, damit das Grüne Freude macht, und etwas weiter entfernt verschiedene Blumensorten und andere Bäume mit perennierenden Blättern. Der Obstgarten wird von Weinstöcken umringt, und in der Mitte der Anlage sollen die in den Randbeeten angelegten Kletterreben den nötigen Schatten auf die Wege werfen.

Ein offener Hof soll für die Ruhestunden gebaut werden, umringt von Kletterrosen, Myrten und anderen Blumensorten, die einen Garten verschönern. Er soll länger sein als breit, um von dessen Anblick nicht müde zu werden. Im unteren Geschoss wird ein Zimmer für die Gäste gebaut, die den Besitzer begleiten. Eine Zisterne wird zwischen Bäume angebracht, damit sie von *der Ferne nicht gesehen wird. Ebenfalls angemessen ist der Bau eines Taubenhauses und eines wohnbaren Türmchen.*

Die Wohnung soll zwei Türen haben, damit sie besser geschützt wird und der Bewohner mehr Ruhe hat».

All diese Bedingungen erfüllen sich in den stark veränderten Räumen, die sich heute ringsum um den Hof des Kanals noch befinden. Aus der romantischen Zeit stammen die Wasserspiele im italienischen Stil, angebracht zu beiden Seiten des Kanals, der von Norden bis Süden verlaufenden Hauptachse des Hofes.

Dadurch entschwand die unter den Nasriden so beliebte Wasserspiegelung und das Murmeln des Wassers in den kleinen Schalen zu beiden Seiten, gleich einer beruhigenden Musik, die die Gedanken nicht abzulenken vermag. Heute fällt das Wasser der Springbrunnen mit grossem Lärm auf die Oberfläche des Kanals auf.

Die nördliche besser erhaltene Seite zeigt eine Säulengalerie mit fünf Halbkreisbogen, von denen der mittlere etwas grösser ist. Drei weiter hinten gelegene Bogen führen in einen Querraum, dessen Decke mit Holzschlingen dekoriert ist. Er öffnet sich zu einem Aussichtsturm, der nicht in der gleichen Linie der Hauptachse des Hofes liegt. Oberhalb der drei Bogen befinden sich fünf kleine Fenster.

Das Gedicht auf blauem Grund aus Lapislazuli um die Fenster herum bezieht sich auf den König Abu-l-Walid Ismail und auf das «Jahr des grossen Religionserfolges», was darauf hinweist, dass dieses Gebäude im Jahre 1319 erbaut wurde.

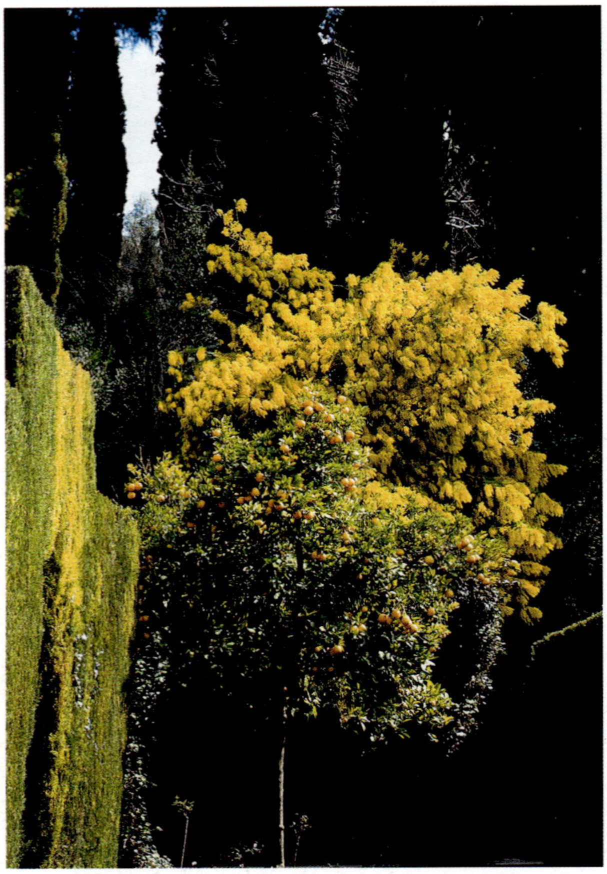
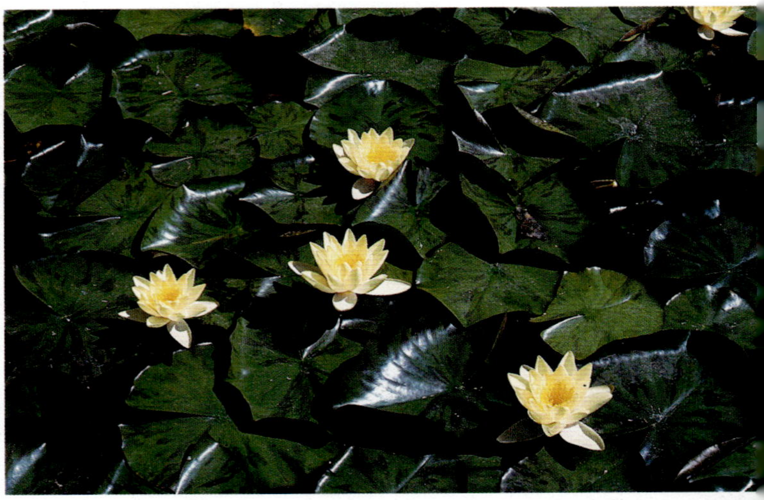
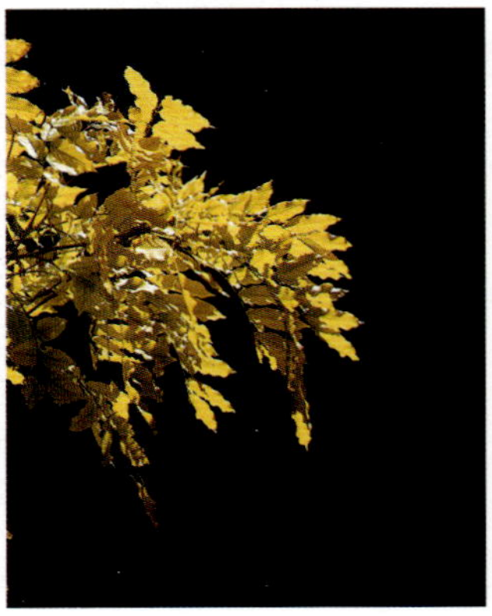
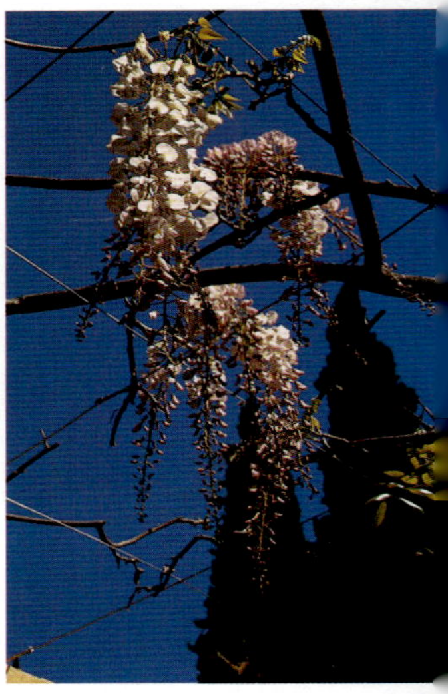
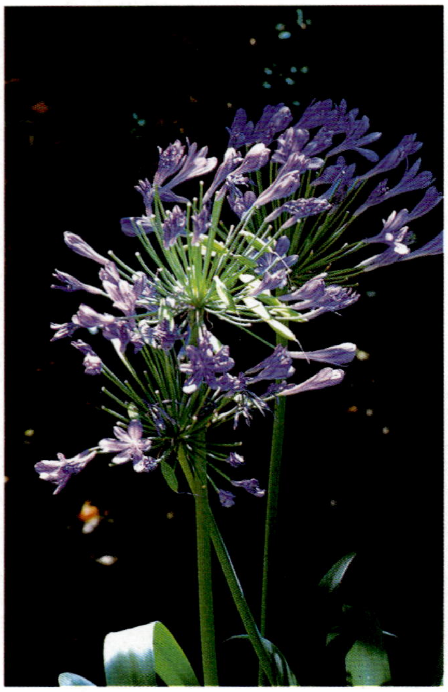
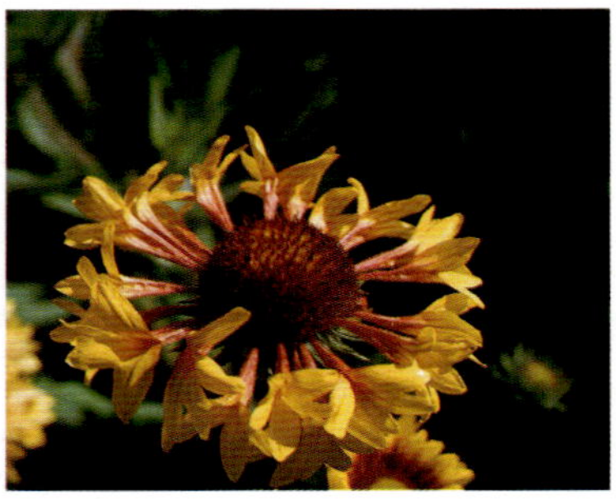
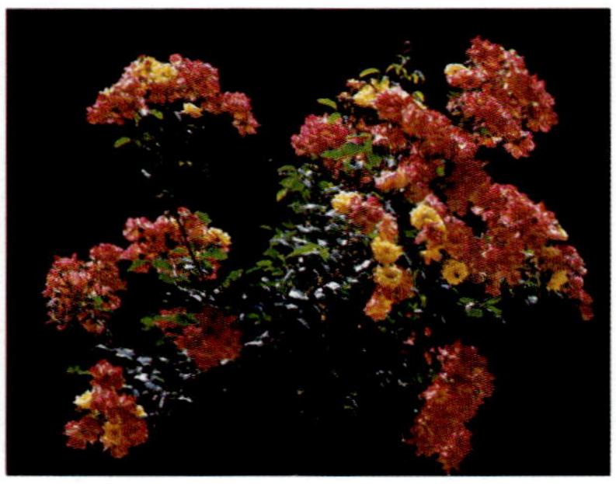
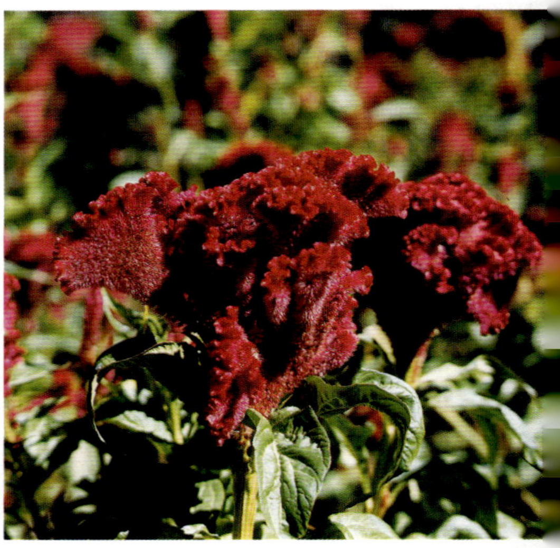

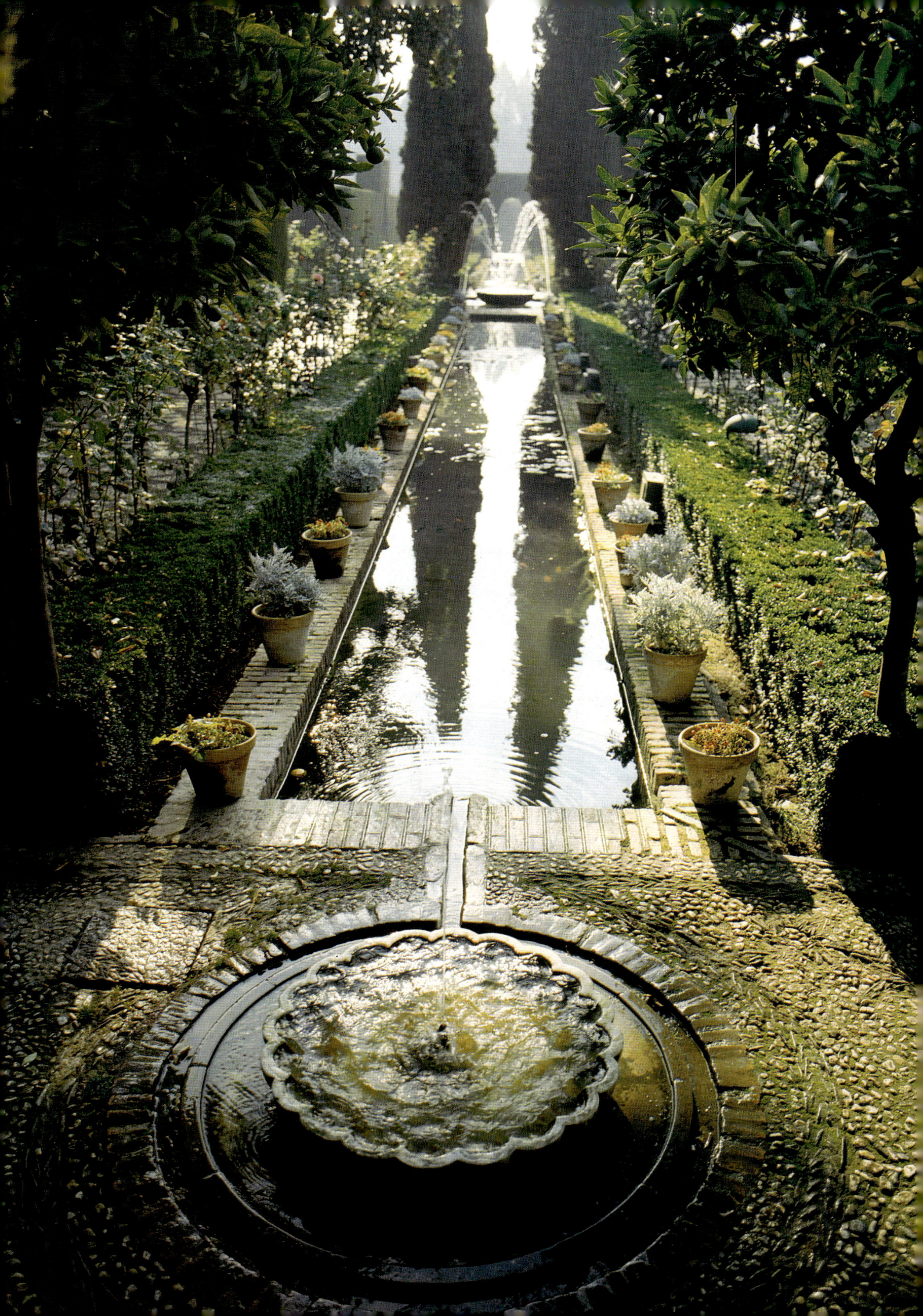

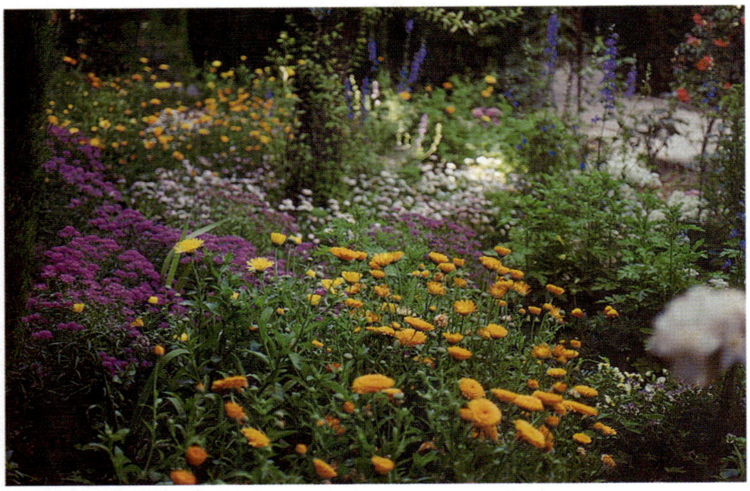

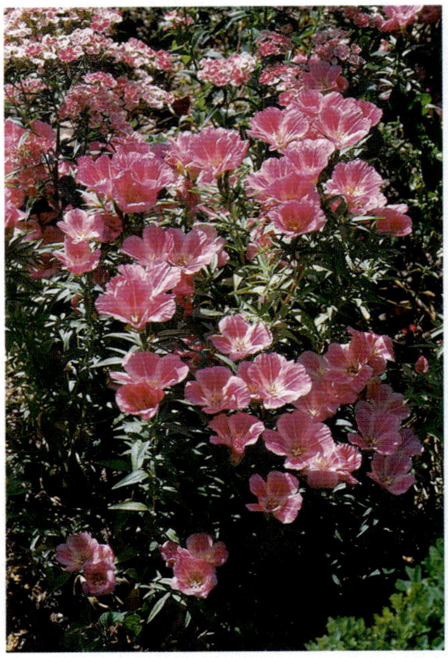

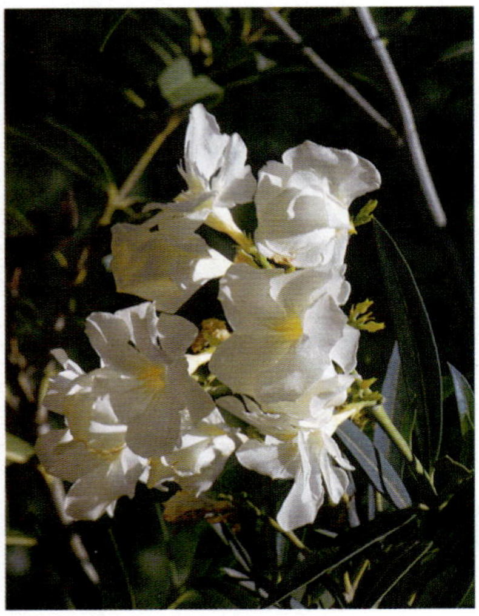

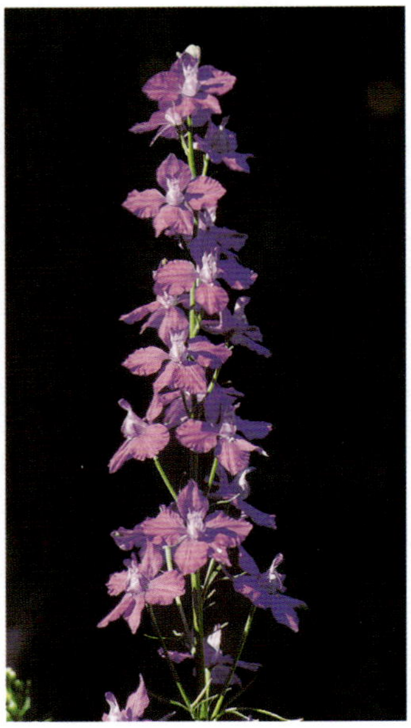

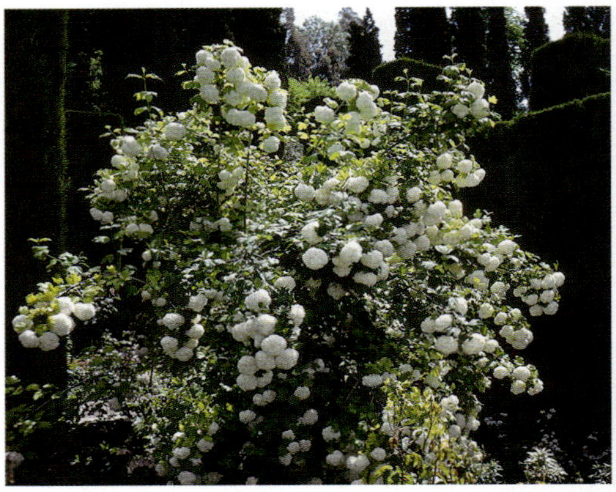

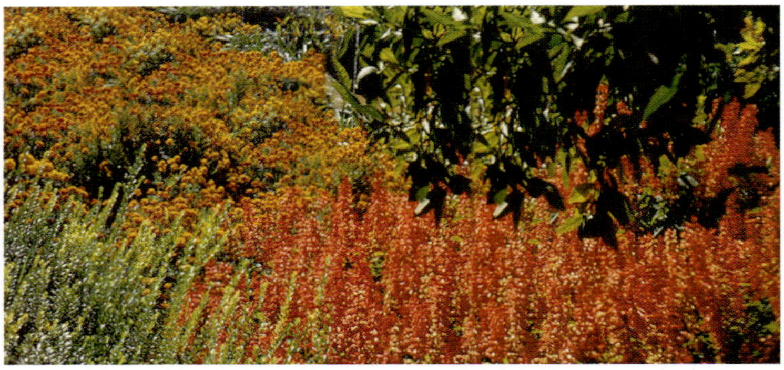

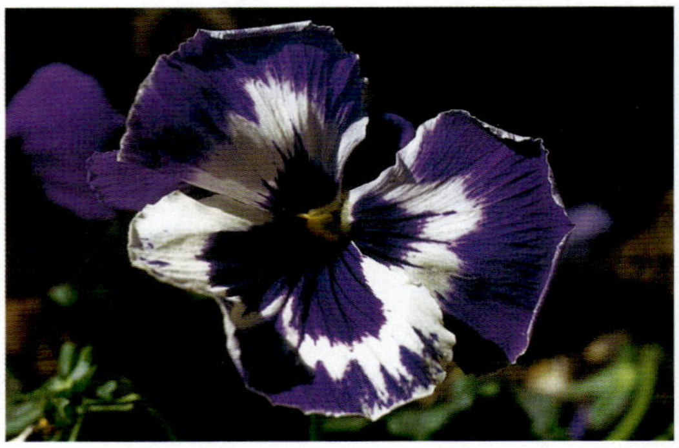

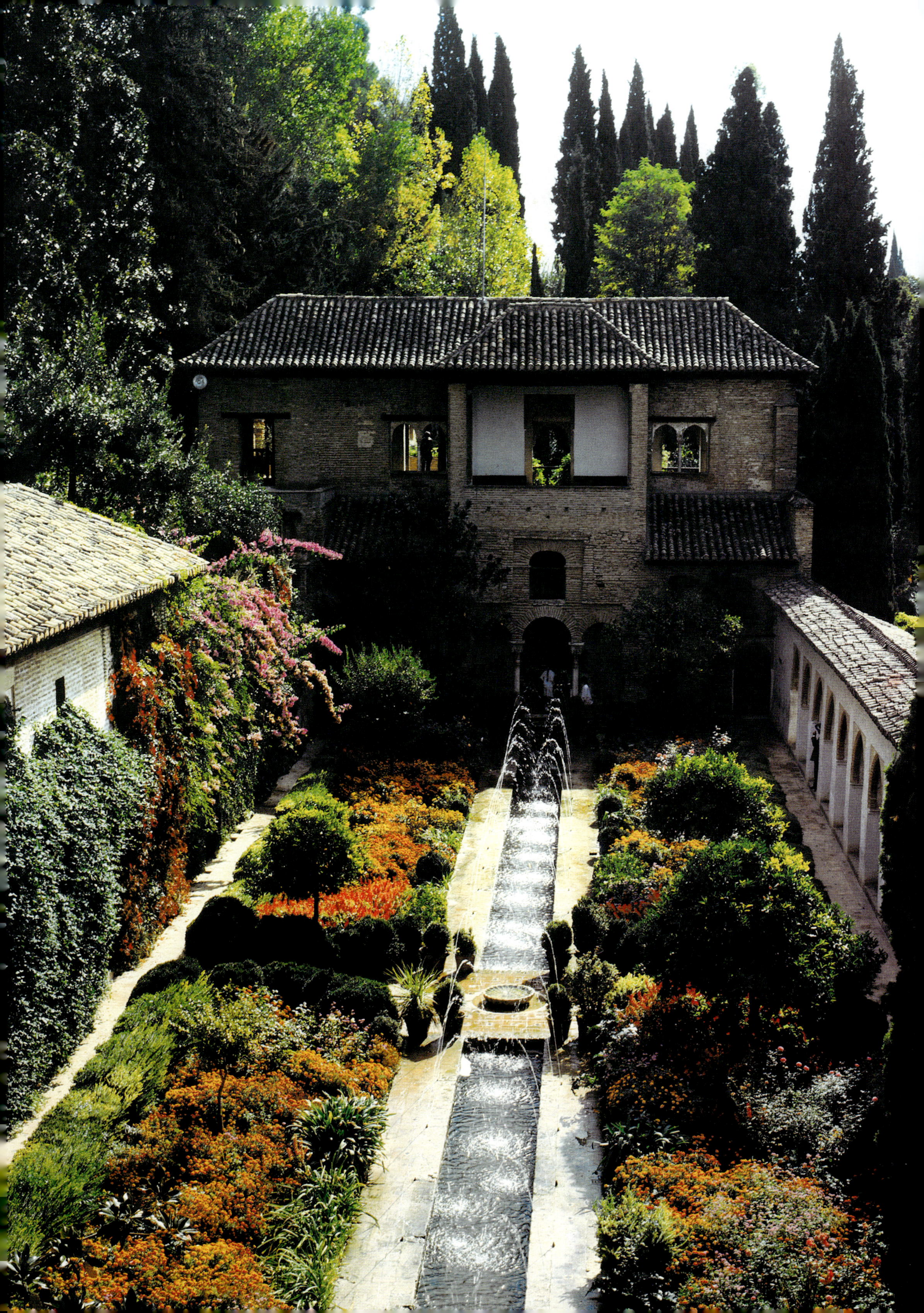

El Palacio de Carlos V

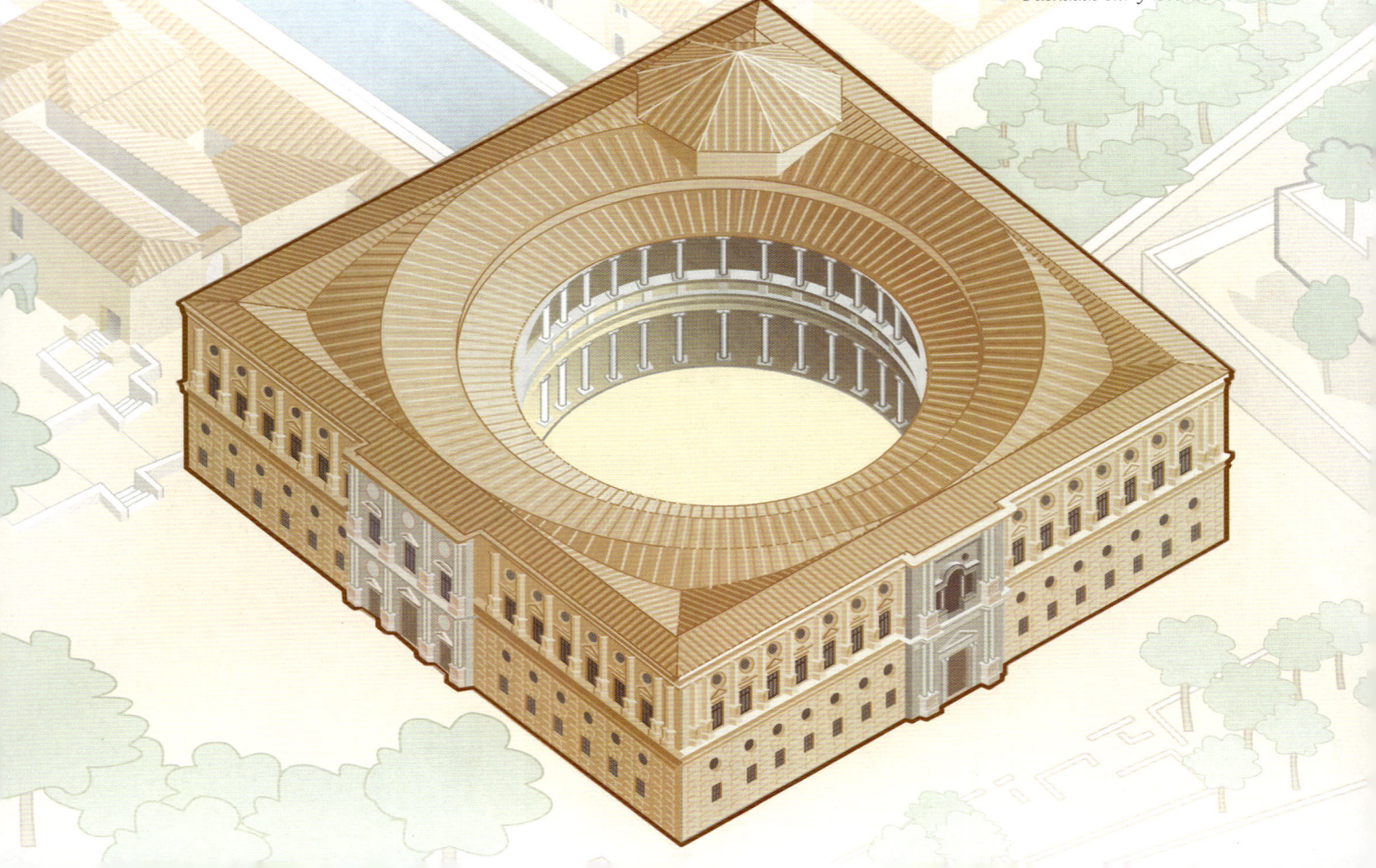

Fachadas sur y levante del Palacio

DER PALAST VON KARL V

Der Palast von Karl V. ist ein polemisches, unverstandenes Denkmal. Trotzdem wird es unumgänglich als aussergewöhnlich zitiert. Eine Reihe von alten Vorurteilen und eine grosse Unkenntnis der von Granada in den Absichten der spanischen Monarchie des 16. Jahrhunderts gespielten Rolle haben dazu beigetragen.

Wir könnten behaupten, dass man immer noch an die romantischen, von den Reisenden des 19. Jahrhunderts so beliebten Alltagsgedanken glaubt, die sich mit einer muslemischen von der Verständnislosigkeit der wilden spanischen Könige zerstörten Welt befassen. Aber die wahre Geschichte ist anders. Jeder Historiker begreift heute, dass die Eroberung von Granada ein Symbol für die spanische Monarchie gewesen ist. Als solches Symbol wird die neueroberte Stadt als Treffpunkt von den ver-schiedensten spanischen und italienischen Künstlern verwandeln. Diese werden ihr den Prunk einer christlichen Hauptstadt verleihen, und damit wird sie wieder so wichtig sein wie zur muslemischen Zeit. Es war also eine "politische Absicht", mittels dieser grossen königlichen Bauten die Bedeutung von Hauptort zu verstärken, die die Stadt Jahrhunderte lang genossen hatte.

Wenn wir bedenken, dass die Katholischen Könige hier schon eine Grabkapelle errichtet haben, können wir verstehen, dass ihr Enkel, der Kaiser, mit diesem Plan einig war, und dass er, als Leiter Europas Schicksal, sich mit der Erweiterung beschäftigt hat. Die Gelegenheit ist einmalig. Wärend seiner Hochzeitsreise mit der Kaiserin Isabel im Jahre 1526, besucht der Kaiser die Alhambra und wohnt in den Räumen, die von dann an als "Wohnräume von Karl V." bezeichnet werden. Dort beweist er seine Liebe für das alte Nasridenschloss und seine Bewunderung veranlasst ihn zur Vergrösserung und Erweiterung dieser Räume, die sich damit zu den Bedürfnissen eines modernen Hofes eignen. Daraus ergibt sich der Auftrag des Palastes von Karl V. an seinen Vertrauensmann, den Marqués de Mondéjar, Vogt der Alhambra.

Diese für die Geschichte des Palastes so wichtige Person ist Mitglied einer grossen Familie des spanischen Adels, der Mendoza. Dank ihrer italienischen Ausbildung, hatten sie dazu beigetragen, in Spanien den Geschmack für die neue Renaissance-Kunst auszubreiten. Bedenken wir, dass diese Familien die ersten sind, die sich, mittels der grossen Kämpfer, Botschafter oder Kirchenfürsten, mit der in Italien im künstlerischen Gebiet vollzogenen Revolution in Verbindung gesetzt haben, das heisst, mit der Renaissance.

Der Kaiser ist, im Gegenteil zu seinem Sohn Philipp II., an der Verwirklichung seiner Werke nicht besonders interessiert. Er gibt allgemeine Richtlinien, die dann von seinen Vertrauenspersonen ausgeführt werden. Deshalb kann man im ganzen Kaisertum nicht von einem "Stil Karl V." sprechen. Aber zusammen mit dem Bestreben, Granada als neue Stadt des Christentums

Rundblick des Hofes

Westfassade des Palastes

hervorzuheben, müssen wir eine generalisierte Erscheinung in Betracht nehmen, die zu einem als von G. Kluber bezeichneten "italienischen Süden" führt. Er behauptet, dass Andalusien die Gegend ausserhalb von Italien ist, wo die Gedanken der Renaissance am Besten aufgenommen wurden. Dafür gibt es zwei Gründe. Sevilla ist das Zentrum des Handels mit Amerika und Granada symbolisiert einen Jahrhundertenkampf gegen die islamische Welt. Als Ergebnis er-scheint der Palast von Karl V., nicht als eine isolierte Tatsache, sondern als Kettenglied dieser allmählichen Vereiningung mit der modernen Kunst, die in ganz Andalusien stattfindet.

Wenn wir bedenken, dass der damals sogennante "römische Stil" von der Mehrheit als das Beste betrachtet wurde, werden wir das Werk vom Palast von Karl V. verstehen und auch die einmaligen von seinem Sekretär, D. Francisco de los Cobos, in Ubeda oder Baeza ausgeführten. Aber welche Bedeutung hat in der Tatsache dieser Palast? Er wurde vom Prof. Cepeda treffend als Symbol einer Regierungszeit bezeichnet, mit Heftigkeit begonnen und nie vollendet. Bedenken wir, dass die Decke des 2. Stockwerkes erst in diesem Jahrhundert gebaut worden ist.

Der Bau wurde von den Moriscos finanziert und daraus ergeben sich zwei Fragen. Erstens sollten die Moriscos bestimmte Gelder abgegeben haben, die, laut der gebildeten Beamten, für Krankenhäuser und Verpflegung bestimmt waren. Es ist also unpassend, dass der christliche König diese Gelder für sein eigenes Haus benutzt hätte. Und zweitens hat der Aufstand der Moriscos, eines der sich der Hof mit 30 Meter Spannweite und 42 Meter Durchmesser. Ringsherum breiten sich die grossen Seitenräume aus, mit Ausnahme von der nordwestlichen Ecke, wo sich die Kapelle und die Krypta befinden. Gerade um diese Krypta kümmerte sich Karl V. am meisten. Als er am 30 Nov. 1527 den Entwurf bekam, schrieb er: "Ich will Euch nur mitteilen, dass ich einen grossen Vorraum wünsche mit einer Kapelle darin um die Messe zu lesen und zu hören". Aber auf diesem Originalentwurf wird schon das Königliche Haus als eine theatralische Erweiterung der alten Räume des Nasridenpalastes ersichtlich.

Machuca war Leiter des Baues bis zu seinem Tode im Jahre 1550. Sein Sohn Luis folgte ihm und später Juan de Orea. Dieser musste sich an die Richtlinien von Juan de Herrera anpassen und zwar in Bezug auf die Treppen und auf die obere Seite der Hauptfassade.

Schmucklosigkeit und Kahlheit kennzeichnen das Innere : Zwei flache Stockwerke in dorischem und toskanischem Stil, eine grosse Haupttreppe und eine Halle mit Tonnengewölbe. Machuca hat das alles mit seiner Kenntnis über Stereotomie ausgearbeitet, so dass

Südtreppe des inneren Hofes

härtesten Bürgerkriege, zum Untergang des Königreichs von Granada geführt, und zwar für immer. Damit wird die Ausarbeitung des anfänglichen Entwurfes verhindert. Der Beauftragte des Bauwerkes, Pedro Machuca, hatte nach seiner Zusammenarbeit in Rom mit Michelangelo und Raffael eine solide italienische Ausbildung genossen. Aber ausserdem, dank dieser Ausbildung, hat er die theoretischen Aspekte der bearbeiteten Werke der Renaissance kennengelernt. Daraus folgt die Wahl des einmaligen Grundrisses, ein runder Hof innerhalb eines Vierecks. Das nimmt seit der Epoche von Alberti das tiefste Streben nach dem Idealentwurf an.

Den Präzedenzfall können wir in Rom in "San Pietro in Montorio" erkennen, wo man laut dem von Serlio veröffentlichten Plan einen äusserlich runden Hof bauen sollte, im runden Hof der "Villa Madama" von Raffael oder an den Palastzeichnungen von Leonardo.

Auf dem Originalentwurf, heute in der Bibliothek des Königlichen Palastes in Madrid, befanden sich vor der südlichen und westlichen Fassade zwei Säulengangplätze, die nie ausgebaut wurden. Innen befindet

Relief an der Westfassade

jeder behauene Stein ein Wunder von Genauigkeit ist. Die Fassade besteht aus einer durchgehenden Bank, über der sich zwei Stockwerke ausbreiten. Der erste Stock, versehen mit rustikalem Steinbaussage, von typischem italienischem Einfluss, betont die Horizontalität des Ganzen. Der zweite Stock, mit jonischen Pilastern auf Fussgestell, versehen mit verschiedenen Reliefs, zeigt einen grossen Gegensatz von Schewebelosigkeit und Vertikalität. In beiden Etagen zeigen die Fenster eine Abwechslung von Rechteck und Kreis, ein in der Renaissance sehr beliebtes Linienspiel.

Besonders interessant ist die Bildhauerdekoration, nach einem erlesenen humanistischen Programm von Symbolen und Allegorien ausgearbeitet, die die Kaiserfigur logischerweise als Cäsar betrachtet. Mittels der Mythologie wird Karl V. mit Herakles verglichen. Erkennbar ist dies and den Reliefs der Hauptfassade oder an der Darstellung des Paviakampfes and der unteren Seite, ein besonders ausgezeichnetes Werk von Niccolo da Corte. Die Fama, die Siegesgöttin, die Fruchtbarkeit sind die weiblichen Figuren der Südseite. In einem christlichen Viertel, nachträgliches Anhängsel im Nasridengebiet, wurde der Palast gebaut. Ein geometrischer Fehler hat die Umrisse der Alhambra minimal beeinflusst. Gerade in diesem Zusammenhang soll der Grund für einen solchen radikalen und neuen Entwurf, wie der Palast von Karl V. darstellt, betrachtet werden.

Vielleicht dank diesem Palast gehört jetzt die Alhambra zum Vermögen der spanischen Königspaläste und ist nicht als ein archäologisches Zeugnis einer besiegten Kultur zu betrachten.

An Concepción Félez Lubelza, Dozentin an der Granadinischen Universität, in grösster Ehrfurcht gewidmet.

Südfassade

Die Handelsbörse, gotischer Zivilbau neben der Königlichen Kapelle (16. Jh.). Am Hauptplatz das Bild der Übergabe Granadas von Pradilla.

DAS CHRISTLICHE GRANADA

Ende des 15. Jahrhunderts bestand die Iberische Halbinsel sowie ganz Europa aus einer Reihe von Staaten, die dauernd gegeneinander kämpften, um die Vorherrschaft über ihre Nachbarn zu erreichen. Kastilien verfügte über die Oberherrschaft, denn es erstreckte sich vom Kantabrischen Meer bis Gibraltar. Aragon besass den Nordosten und öffnete sich zum Mittelmeer. Im Südosten lag das moslemische Reich der Nasriden. Portugal, bereits hundert Jahre lang getrennt und unabhängig, erstreckte sich an der atlantischen Küste entlang und Navarra herrschte über die Pyrenäen, umringt von den Königreichen Frankreich, Aragón und Kastilien. Im Laufe des 15. Jahrhunderts fanden in Kastilien und Aragón mehrmals gegenseitige Pakte und Angriffe statt. Schuld daran war der mächtige Adel, der die Schwäche der entsprechenden Könige ausnützte. Ferdinand von Aragón und Isabella von Kastilien erreichten durch ihre heimliche Vermählung (1469) die Vereinigung ihrer Länder und damit die notwendige Macht, um die aufständischen Adligen unwirksam zu machen und die Angriffslust der überlebenden Sippen in den Krieg um Granada zu lenken. So veränderte sich in wenigen Jahren die Situation der Iberischen Halbinsel und führte zur Gestaltung des modernen Landes.

Nachdem sie unter ihren Königreichen den Frieden gestiftet und die Neutralisierung von Portugal erreicht hatten, widmeten sie sich mit aller Kraft der ersehnten Eroberung des nasridischen Königreiches. Während dieses Kampfes herrschte die Stimmung eines Kreuzzuges und daher rechneten sie nicht nur mit ihren eigenen Truppen, sondern auch mit der Hilfe von ausländischen. Dieser fast zehnjährige Krieg um Granada (1481-1492) an der Grenze zwischen Christen und Moslems war auch der letzte ritterliche und zugleich der erste moderne Krieg. Die regelmässigen Sommergeplänkel wurden allmählich durch eine gut festgelegte strategische Planung ersetzt, in der die wirksame Intendantur, die neue Ausrüstung und die Überzahl der Soldaten eine wichtige Rolle spielten. Die Eroberung wurde als Sieg der christlichen Welt angesehen und glich den Verlust Konstantinopels aus - 50 Jahre zuvor von den Türken erobert -, und hob wieder die Stimmung der Christen, die sich von der zunehmenden Macht der Ottomanen bedroht fühlten. Einige Jahre später würden sie ja sogar nach Europa kommen und Wien belagern. Der 2. Januar 1492, Tag der Eroberung Granadas durch die Katholischen Könige, bedeutete den Beginn der Modernen Zeit und einen Wandel im Verlauf der spanischen und europäischen Geschichte. Granada war das letzte eroberte Königreich und gerade durch seine wichtige symbolische Vergangenheit wurde es Mittelpunkt des neuen Staates, der auf die europäische Politik seinen Einfluss ausüben und später die notwendige Reife erreichen würde, um an das Abenteuer in Amerika heranzugehen. Obwohl das Problem mit den Türken und mit Italien die Enkel und Urenkel der Könige weiterbeschäftigen würde - im Verlauf der Entstehung Europas hatten sie eine grosse Bedeutung -, lenkte sich das Interesse vom Mittelmeer ab und wandte sich dem Atlantischen Ozean zu. Granada war die Bühne, auf der sich so viele wichtige Ereignisse abspielten.

5

1. Monasterio de la Cartuja (S. XVI-XVIII)
2. Hospital Real (s. XVI-XVII)
3. Muralla Nazarí (s. XIV-XV)
4. Ermita de S. Miguel Alto
5. Abadía del Sacromonte (s. XVII)
6. Palacio de los Córdova
7. Iglesia del Salvador (antigua Mezquita)
8. Iglesia de S. Nicolás (s. XVI)
9. Casa de Castril. Museo Arqueológico
10. Iglesia de S. Pedro (s. XVI)
11. Convento Sta. Catalina (s. XVI)
12. Baño árabe del Bañuelo (s. XI)
13. Puente del Cadí (s. XIII)
14. Muralla Zirí (s. XI)
15. Puerta de Monaita (s. XI)
16. Palacio de Dar-al-Horra (s. XV)
17. Convento de Sta. Isabel la Real (s. XVI)
18. Iglesia de S. Miguel Bajo (s. XVI)
19. Minarete de S. José (s. X)
20. Iglesia de Sta. Ana (s. XVI)
21. Real Chancillería (s. XVI)
22. Puerta de las Granadas (s. XVI)
23. Torres Bermejas (s. XII-XV)
24. Casa de los Tiros (s. XVI)
25. Casa árabe de los Girones (s. XIII)
26. Iglesia de S. Matías (s. XVI)
27. Iglesia de Sto. Domingo (s. XVII)
28. Iglesia Comendadoras de Santiago
29. Iglesia de S. Cecilio (s. XVI)
30. Carmen de los Mártires (s. XIX)
31. Basílica. de las Angustias (s. XVII)
32. Corral del Carbón (alhóndiga s. XIV)
33. Alcaicería (s. XIV-XIX)
34. Madrasa (escuela coránica) (s. XIV-XVI)
35. Palacio de la Curia
36. Catedral, Capilla Real, Iglesia del Sagrario (s. XVI-XVIII)
37. Iglesia de S. Justo y Pastor (s. XVII)
38. Universidad Vieja (s. XVII), Jardín Botánico
39. Monasterio de S. Jerónimo (s. XVI)
40. Igl. y Hospital S. Juan de Dios (s. XVI-XVIII)
41. Puerta de Elvira (s. XI)

CAPILLA REAL

DAS CHRISTLICHE ZEITALTER

Die damaligen Herrscher und wichtige Herren kümmerten sich schon zu Lebzeiten um ihre letzten Ruhestätten. Daher entstanden in diesem Jahrhundert viele prachtvolle Grabkapellen. Auch die Katholischen Könige hatten in Toledo die Kirche San Juan de los Reyes zu diesem Zweck gegründet. Sie änderten aber logischerweise ihre Meinung, um im Herzen Granadas neben der Hauptmoschee in der Nähe von der zukünftigen Kathedrale eine neue Grabkapelle zu errichten. Mit diesem Entschluss drückten die Könige deutlich ihren Wunsch aus, der eroberten Stadt einen neuen Geist und eine neue Richtung zu geben. Wie alle religiösen Gründungen erfüllte die Kapelle die Aufgabe, den Triumph und die Dankbarkeit zu Gott für diese bedeutungsvolle Eroberung auszudrücken, so dass die Könige in Erinnerung blieben. In dem königlichen Testamentsnachtrag von 1504 drückte die Königin ihren Wunsch aus, in Granada beerdigt zu werden, und in ihrem letzten Testament verordnete sie den Bau dieser Kapelle auf ihre Kosten. Sie war angeregt von der Mühe, die Stadt mit grossen monumentalen Bauwerken zu bereichern, und diese Kapelle bedeutete den ersten Schritt dazu. Da die neuen Bautendenzen und -entwürfe mit der spätgotischen Tradition kontrastierten, bot Granada die geeignete Gelegenheit für die Ausführung dieser Verwandlungen. Ungefähr hundert Künstler und Handwerker kamen mit Philipp dem Schönen und sogar schon früher auf die Iberische Halbinsel. Ihre Namen verrieten sie sofort (Siloe, Egas, Vigarny, usw.) Aus Italien kamen auch viele Künstler hierher, die an religiösen und profanen Bauten arbeiteten. Die Errichtung der neuen emblematischen Kapelle und der Kathedrale stellte die neue sozialpolitische Realität dar und wurde zum Symbol der Macht der Sieger. Eine solche grosse Veränderung angesichts der Vergangenheit der Stadt führte natürlich zu Spannungen. Laut Prof. Pita Andrade koexistierten zwei verschiedene künstlerische Richtungen, die konservative Gotik, vertreten von der Königin und vom Klerus mit Kardinal Cisneros als Oberhaupt, die die heidnischen Neuheiten aus Italien kommend nicht akzeptieren wollten, und die klassische Tendenz, "fortschrittlich" denkend, unterstützt von König Ferdinand und dem gebildeten Adel, Anhänger des römischen neuplatonischen Stiles, der den Katholizismus und die klassische Kultur vereinte. Nach diesem Renaissancestil richteten sich auch einige Priester, die Italien gut kannten. Ihre Ratschläge beeinflussten die Projekte Karls V. Und dadurch wurde Granada mit Hilfe der wichtigsten Schöpfer aus dieser entscheidenden Zeit das Zentrum der künstlerischen Avantgarde.

Betende Gestalten der Katholischen Könige. Sie wurden Philipp de Vigarny zugeschrieben, dem Erbauer des Hochaltars der Kapelle, und sollten an diesem Platz aufgestellt werden. Später wurden sie durch die heutigen ersetzt, die von Diego de Siloe geschaffen wurden. Wahrscheinlich waren sie den Königen sehr ähnlich, da sie kurz nach deren Tode hergestellt wurden. Ausserdem gab es damals viele Porträts von ihnen. Die betende Haltung und die feierliche Kleidung bereiten den Figuren majestätische Gelassenheit und Vollendung. Diese Symbole im Renaissancestil sollten ihre Berühmtheit, ihre Tugenden und ihre Triumphe hervorheben.

Im Langhaus der Kirche ragt das imposante von Meister Bartolomé aus Jaén (1520) geschmiedete Gitter hervor. Damit wird der religiöse Bau in zwei Räume geteilt, genauso wie es in anderen Grabkapellen aus dem 15. Jh. der Fall ist, die von Königen, Adligen und Priestern errichtet wurden. Zwei Jahre lang brauchte der damals wichtigste Künstler um dieses Meisterwerk der Schmiedekunst zu errichten. Die Fortentwicklung der Pläne und das Aufeinandertreffen der verschiedenen Stile, die in dieser Kapelle eine gute Zusammenfassung bilden, sind hier deutlich bemerkbar. Auf einem Gerüst aus verdrehten Eisenstangen nach mittelalterlicher Tradition ragen die im Renaissancestil verarbeiteten und im Feuer vergoldeten Eisenformen empor, die an die Arbeit der Silberschmiede erinnern, weshalb dieses Gitter in Form eines Hochaltares als Beispiel für den sogenannten Platereskenstil bezeichnet wird. Oben befinden sich Szenen aus der Passion Christi, dargestellt von zeitgenössischen Figuren, unter denen die Scharfrichter logischerweise als Juden -sie wurden kurz zuvor vertrieben- und nicht als Römer abgebildet sind.

Fast 30 Jahre lang hatten die Katholischen Könige Kirchen und Klöster in ihrem eigenen sogenannten isabellinischen Stil gebaut, der eine grosse Verwandtschaft mit der spätgotischen Tradition und dem platteresken Stil aufweist. Die Königliche Kapelle wurde von Meister Enrique Egas in einem ähnlichen Stil entworfen. Sie besteht aus einem Langhaus und wird durch eine grosse trapezförmige höhergelegene Hauptkapelle, mehrere Seitenkapellen und einen hochgelegenen Chor ergänzt. Die Königin selbst verordnete einen Bau von franziskaner Schlichtheit, die die Künstler bei dessen Ausführung stark beschränkte. Folglich war das endgültige Ergebnis eine grosse Enttäuschung für ihren Enkel Karl V., der die Kapelle als zu klein und ungeeignet für Könige bezeichnete. Als Anhängsel der grossen Kathedrale vorgesehen, bereitete die Arbeit an der Grabkapelle die Möglichkeit, sie mit mehreren Dekorationselementen auszustatten (Gitter, Hochaltar und Mausoleen), um sie wertvoller zu machen und damit zur Verherrlichung der neuen Monarchie zu verhelfen.

Nach mehreren unschlüssigen Handlungen wurde sie zwischen 1505 und 1521 mit Hilfe von besonderen Meistern wie Juan Gil de Hontañón und Juan de Álava aufgebaut. Aber der vorgesehene Kreuzgang und die Hauptfassade wurden nie begonnen, so dass sich heute die Kapelle zwischen der Handelsbörse, die heute als Zutritt dient, und der Sagrario-Kirche befindet, die auf dem Grundstück der alten Hauptmoschee errichtet wurde. Das Tor im Renaissancestil wurde 1526 *(siehe links)* im Auftrag von Karl V. erbaut. Von Juan García de Praves ausgeführt, ist es heute die einzige Öffnung nach aussen und kontrastiert mit den gotischen Fenstern daneben und mit den prächtigen Abschlussverzierungen im gotischen Flamboyantstil *(siehe unten)*. Die kluge Anordnung der Räume und der Wölbungen im Inneren, die auf die Könige bezogenen Inschriften und die bunten Wappen, die einen symbolischen und ästhetischen Zweck erfüllen, geben Prof. Pita Andrade Anlass zu behaupten, dass die Kapelle eines der letzten und besten Beispiele der gotischen Baukunst in Spanien sei *(siehe rechts)*.

Links die Mausoleen von oben aus gesehen. Unten Wappen der Katholischen Könige mit dem Adler des hl. Johannes des Evangelisten und dem Joch und den Pfeilen, ihren Emblemen.

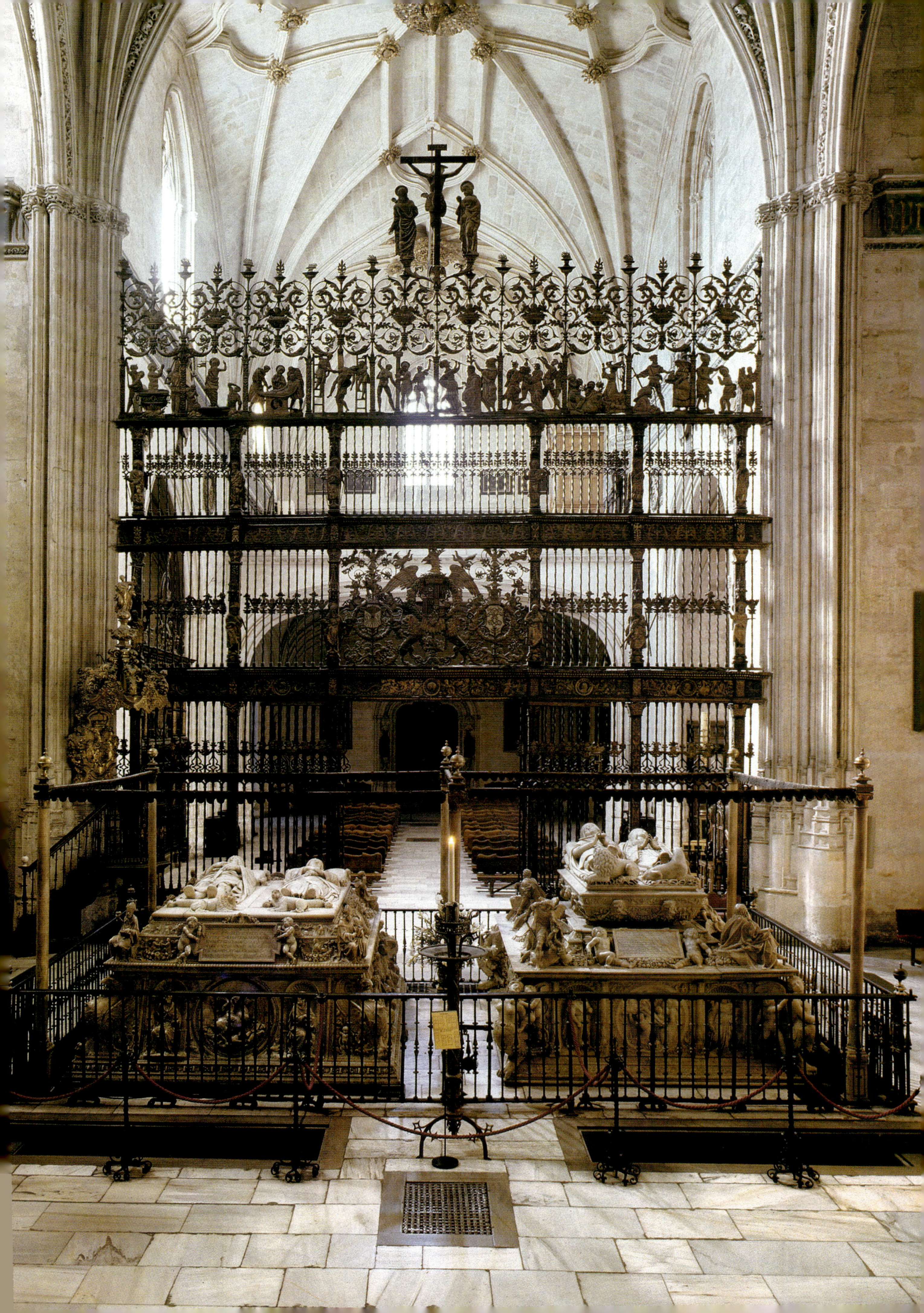

Oben und rechts, Grabdenkmähler der Katholischen Königen Isabella und Ferdinand, Kunstwerk von Alessandro Fancelli aus Genoa.

König Ferdinand wollte keinen grossen Prunk in der Kapelle haben, trotzdem wählte er für die Ausführung seines Kenotaphen, dem Hinweis von Tendilla folgend, den Florentiner Domenico Alessandro Fancelli, der hier sein Meisterwerk schuf. Pita Andrade äusserte: "Sein freistehendes Grabmal ist das beste Beispiel für die Bildhauerkunst der florentinischen Renaissance im 15. Jh. Es gelang ihm in der Königlichen Kapelle eine ruhige gelang ihm in der Königlichen Kapelle eine ruhige Atmosphäre zu schaffen, indem er die reinen Dekorationselemente (Greife, Girlanden und Grotesken) und die anderen bedeutungsvollen Bestandteile ins Gleichgewicht brachte". Die Kirchenväter, die das Grabbett einrahmen, und die religiösen Motive (Taufe, Auferstehung, usw.) kontrastieren mit den dekorativen und heraldischen Themen (hl. Georg, Jakobus). Die ersten symbolisieren den Triumph über den Tod der Seele, die zweiten dagegen stellen den Triumph über den Tod des Leibes dar. Das Grabmal, in Carrara-Marmor gearbeitet, hat die Form einer abgestumpften Pyramide mit einer breiten Grundfläche, Symbol der irdischen Weite, und wird oben am Rande durch einen schmalen Streifen ergänzt, der das Ende aller Hoffnungen darstellt.

Der Greif symbolisierte im Altertum die Kraft und die Überwachung. Für die Christen bedeutet er nur die grausame und negative Macht, aber in diesem Fall kann er laut Prof. Sánchez Mesa den Sieg des Christlichen gegenüber dem Heidnischen darstellen.

Die Königin ist mit einem einfachen Gewand und dem Jakobskreuz versehen. Der König trägt eine komplette Rüstung und hält zwischen den auf die Brust gelehnten Händen das Schwert. Gómez Moreno äussert: "Das Gesicht des Königs weist eine solche grosse Natürlichkeit auf, dass nur er selbst Modell stehen konnte, was man von der Königin nicht behaupten kann"

Rechts: Truhe der Königin aus ziseliertem und vergoldetem Silber, benutzt als Schmuckkästchen oder Reliquienschrein. Laut Überlieferung wurde mit den Juwelen dieses Kästchens die Reise von Kolumbus finanziert. Die Königin verpfändete tatsächlich zweimal dieselben Juwelen bei der Bank der Santangel, einer konvertierten Familie aus Zaragoza, die mit der Königin befreundet war und den Kampf um Granada finanzierte.

Mausoleum der Eltern von Karl V. Phillip der Schöne und Johannna die Wahnsinnige. Kunstwerke von Bartolomé Ordóñez

Das zweite Grabmal ist höher als das erste, da es aus zwei übereinanderliegenden Teilen besteht. Auf der unteren Marmorplatte befindet sich eine grosse Urne. Darauf liegen die Gestalten der Könige. Es handelt sich um Philipp den Schönen, Sohn des Kaisers Maximilian, und um Johanna die Wahnsinnige, Tochter der Katholischen Könige, die Eltern Karls V. Das Werk wurde vom spanischen Künstler Bartolomé Ordóñez ausgeführt, der als einer der grössten Meister der spanischen Renaissancezeit betrachtet wird, obwohl er hauptsächlich in Italien (Neapel) zusammen mit Diego de Siloe arbeitete, seinem Landsmann und Freund. Zu Fancelli hatte er ebenfalls eine gute Verbindung. Ein Entwurf von diesem letzteren inspirierte ihn sehr wahrscheinlich bei der Ausführung dieses Mausoleums, obwohl dessen Figuren dynamischer und kraftvoller wirken. Der Künstler bestand auf die besondere Verarbeitung der plastischen Gestalten, denen er viel mehr Bewegung gab und die er mit einem leidenschaftlichen Ausdruck bereicherte. Sehr wahrscheinlich genoss er den Einfluss von Michelangelo, den er in Italien kennen gelernt hatte, da er erst 1520 in Carrara gestorben war. Die Gestaltung des hl. Andreas weist ohne Zweifel auf die Figur des Moses hin. Die Sphinxen unten an den vorderen Ecken erinnern an die verdrehten Züge der Laokoonen. Auffallend sind auch die wunderbar verarbeiteten anatomischen Formen der mythologischen Wesen, weiblicher aussehend als die von Michelangelo, und die vielen Putten, die mit den Faunen der klassischen Kunst eine grosse Ähnlichkeit haben. Beide Könige wurden idealisiert, besonders die Gestalt Philipps des Schönen, der 16 Jahre früher gestorben war. Sein hervorstehendes, bei den Habsburgern typisches Kinn fällt auf. Die Gesichtszüge der Königin Johanna haben eine grosse Ähnlichkeit mit früheren Abbildungen aus ihrer Jugend. Sie starb erst 35 Jahre nach der Ausführung des Mausoleums. Der ruhige Gesichtsausdruck der Könige wird durch die Marmortextur besänftigt und lässt sie fast als lebende Menschen erscheinen. Ihre Kleider sind prunkvoller verarbeitet als die der Katholischen Könige. Die Vitalität, mit der Ordóñez die anderen Figuren im reinsten klassizistischen Stil versah, bildet einen grossen Kontrast mit den Gestalten der Könige und macht aus dem Ganzen ein einzigartiges Beispiel unter den italienischen Renaissance-Innovationen des Cinquecento. An den senkrechten Wänden ragen Medaillons mit der Geburt Christi, der Anbetung der Könige, dem Gebet am Ölberg und der Kreuzabnahme hervor. Zwölf Nischen beherbergen Personifikationen von Tugenden und andere allegorische Figuren und bilden ein lebhaftes Ensemble (laut Prof. Pita Andrade). Leider übten diese Werke kaum Einfluss auf die spanische Bildhauerei aus. Das Grabmal wurde aber erst 1603 in der Kapelle aufgestellt.

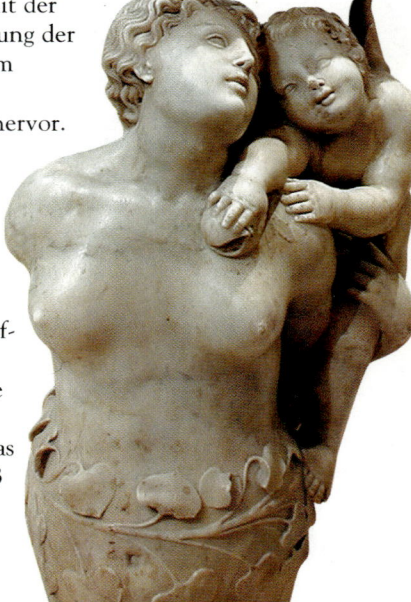

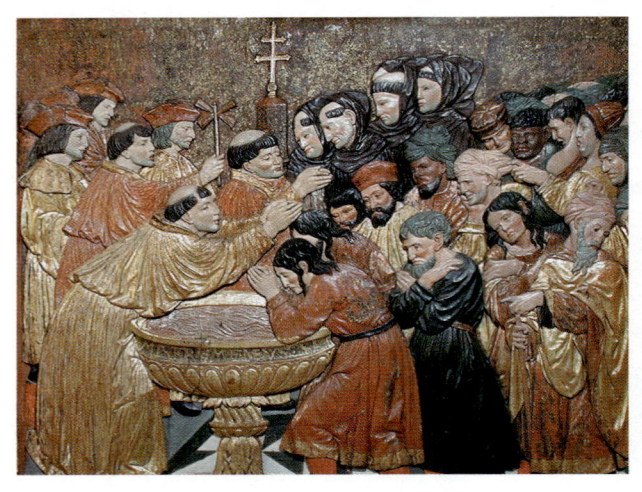

DAS HOCHALTARRETABEL DER KAPELLE ist der Mittelpunkt der Grabstätte. Seine architektonische Gliederung und die verschiedenen Schnitzfiguren vervollständigen die gesamte Ikonographie, die der Monarchie zu Verfügung steht und ihre politische und religiöse Bedeutung betont. Gottvater und die Taube des Heiligen Geistes nehmen das obere Feld ein. Christus am Kreuz ist die Zentralfigur der Komposition. Zu beiden Seiten sind Szenen aus der Passion Christi abgebildet. Im unteren Abschnitt stehen die Figuren des hl. Johannes des Täufers und des hl. Johannes des Evangelisten, der Schutzheiligen der Stiftung, zwischen den Szenen ihres Martyriums. Das Werk wird dem Burgunder Felipe de Vigarny zugeschrieben, aber man sollte den Einfluss oder sogar die Mitarbeit von Jacobo Florentino und Berruguete nicht ausschliessen. Genauso wie in der Kapelle spiegelt sich auch an dem plateresken Wandaltar das Aufeinandertreffen verschiedener Epochen, Stile und Denkarten wieder. Zum ersten Mal werden an einem Hochaltar Elemente im Renaissancestil benutzt: Baluster, Friese mit kleinen Figuren, Halbkreisbogen, Leuchter, Grotesken, usw. Es werden keine Gemälde verwendet, nur ausdrucksvolle fast lebensgrosse plastische Darstellungen. Die dritte Innovation an dem spanischen Wandaltar ist die architektonische Anordnung selbst. Das Werk ist nach dem neuen Stil in rechteckige Felder eingeteilt und an der oberen Seite mit Aufsatz und Elementen in Halbkreisform verziert. Die seitlichen Kassetten haben tiefe Nischen mit plastischen Figuren im Inneren. Die vier Szenen an der Sockelbank (*siehe oben und rechts*) stellen die Zwangstaufe der Mauren und die Übergabe der Stadt in Reliefs dar und sind ein echter Bildbericht über diese Zeit.

Die Figur auf der linken Seite könnte ein Porträt Karls V. sein. Nächste Seite: Hauptaltar nach der im Jahr 2000 ausgeführten Restaurierung des Gesamtwerkes.

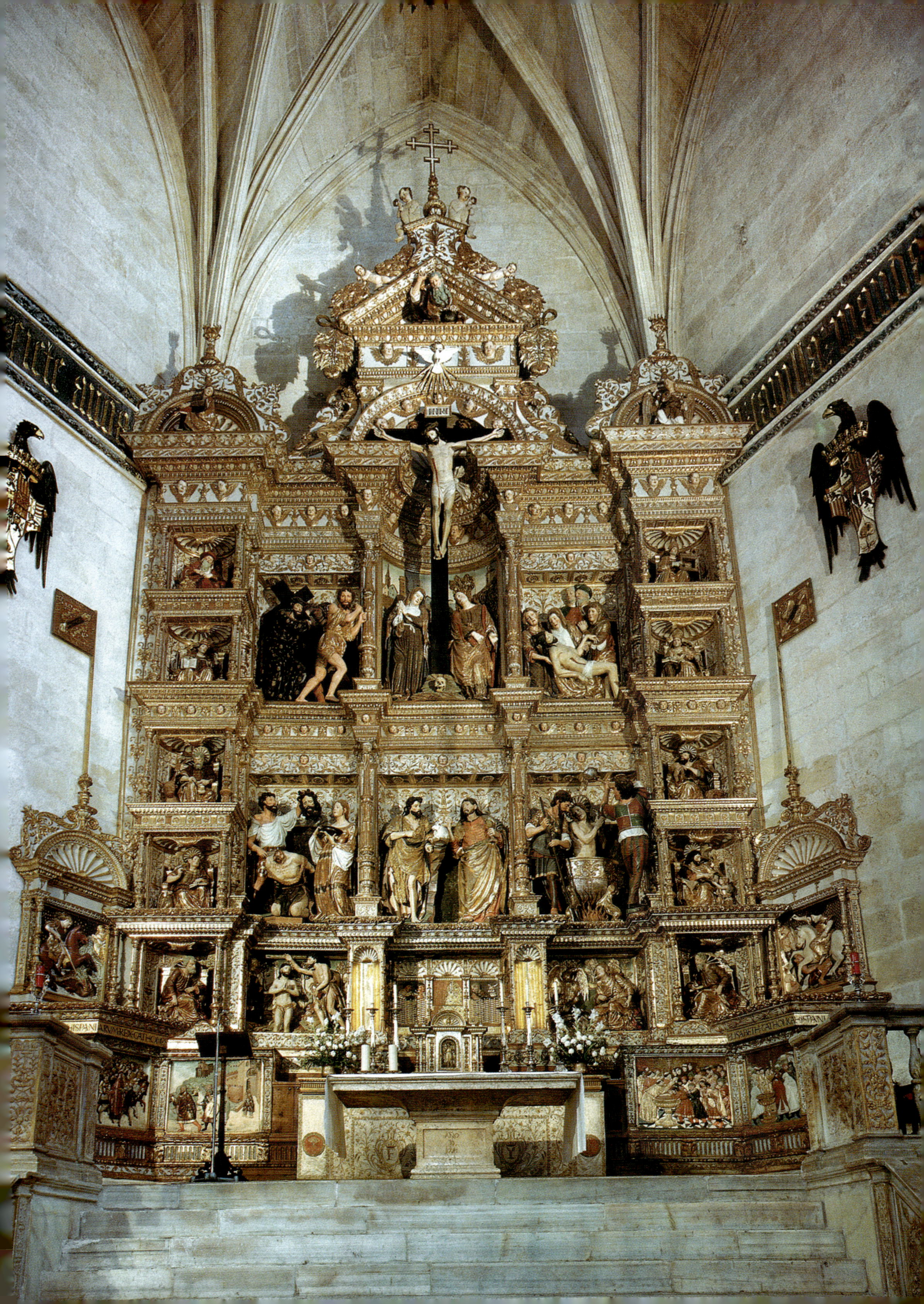

In der Sakristei befinden sich in den Vitrinen ausser verschiedenen persönlichen Gegenständen von grossem historischen Wert, wie die Krone und das Zepter der Königin aus vergoldetem Silber und das Schwert König Ferdinands mit vergoldetem Knauf, der Reliquienschrein und das Messbuch der Königin und auch eine umfangreiche Sammlung von Messgewändern und ihr eigener Feldaltar. Am eindrucksvollsten und wertvollsten sind jedoch die flämischen Tafelgemälde, die Königin Isabella von Kastilien gehörten. Es handelt sich um eine reduzierte Sammlung, aber es ist die erste Privatsammlung, die einen grossen Einfluss auf die spanische Schule ausübte. Johann II., Vater der Königin, war ein grosser Liebhaber dieses neuen Stiles und es ist bekannt, dass Johan van Eyck ihn auf einer Reise nach Portugal besuchte. Die Handelsbeziehungen zwischen Kastilien und Flandern begründeten sich auf dem Wollexport und so ist es auch zu verstehen, dass das wichtigste weltliche Gemälde, ein Porträt des Ehepaars Arnolfini aus London, aus Ávila stammt. Die Hochzeit von Johanna mit Philipp dem Schönen war Grund für die Anschaffung von mehreren Tafelgemälden, von denen sich viele im Museo del Prado befinden, wie das Originalbild der Kreuzabnahme von Van der Weyden, von dem eine wunderbare Kopie im Kreuzschiff der Kapelle ausgestellt ist.

Rogier van der Weyden, 1400 in Tournai geboren, führte zusammen mit Van Eyck den neuen Stil ein. Wahrscheinlich war er ein Schüler von Robert Campin, dem Meister von Flemale, von dem er seine Liebe für das Alltägliche angenommen hatte. Aber Van der Weyden gewährte meisterhaft den geläufigen Dingen eine höhere und intime Atmosphäre mit Hilfe von transzendenten Symbolen. Er verwandelte die physische und objektive Welt in eine innerliche und persönliche. Bei der Verarbeitung der Kleidungen, seinem wichtigsten Beitrag, überragte er sogar seinen Meister. Von Van Eyck lernte er den kleinen Dingen

---

ANFANG DES 15. JAHRHUNDERTS ENTSTANDEN AUS VERSCHIEDENEN MEINUNGEN ZWEI NEUE SCHULEN, DIE DIE WELT DER MALEREI VERÄNDERTEN: DIE FLORENTINISCHE UND DIE FLÄMISCHE SCHULE. BEIDE BREITETEN IHREN EINFLUSS UND IHRE HEGEMONIE BIS ZUM 19. JH. AUS. SIE WAREN EHER DER BEGINN DER MODERNEN KUNST ALS DAS ENDE DER SPÄTGOTIK.

DIE ITALIENISCHE SCHULE: DER RAUM WURDE ALS REALITÄT ANGENOMMEN, DIE IN DEN DINGEN BEREITS VORHANDEN IST. DER NATURALISMUS WAR ZUR RENAISSANCE- UND ZUR GOTIKZEIT SEHR WICHTIG, ABER HAUPTSÄCHLICH VON DEM WISSENSCHAFTLICHEN GESICHTSPUNKT AUS GESEHEN. DIE EMPIRISCHEN DATEN WURDEN AUFGENOMMEN UND ANALYSIERT. ES HANDELT SICH UM DIE MALEREI MIT KLARER LUFT, MIT VIELEN LINIEN UND KANTEN.

DIE FLÄMISCHE MALEREI SCHLUG MITTELS VAN EYCK DEN ENTGEGENGESETZTEN WEG EIN. MAN ERREICHTE DIE ILLUSION DER WIRKLICHKEIT, INDEM MAN GEDULDIG EIN DETAIL NACH DEM ANDEREN HINZUFÜGTE, SO LANGE, BIS SICH DAS GEMÄLDE IN EINE ART SPIEGEL DER SICHTBAREN WELT VERWANDELTE. ANSTATT ALS BASIS FÜR FORM UND PROPORTIONEN ZU DIENEN, SPIELTE DIE PERSPEKTIVE DABEI LEDIGLICH EINE UNTERGEORDNETE TECHNISCHE ROLLE, DIE ZUR REINHEITLICHUNG DIENTE. DIE STRUKTUR WAR VON EINEM UNENDLICHEN, SUBSTANZLOSEN, UNGREIFBAREN RAUM UMGEBEN, ABER TROTZDEM PRÄSENT, DER AUS DEN OBJEKTEN AUFZUTAUCHEN SCHIEN, UM SICH DANN INS UNENDLICHE AUSZUDEHNEN. DER RAUM DEFINIERTE WEDER DIE FORMEN NOCH DIE PROPORTIONEN, DIE DIESE FORMEN BEGRENZTEN, STATT DESSEN WAR ES ETWAS ÄTHERISCHES, DAS ALLES DURCHDRANG UND ÜBERTRAF. DAS LICHT SETZTE DIE AKZENTE IN DIESEM RAUM UND VERLIEH IHM UND DEN OBJEKTEN, DIE AUS IHM AUFZUTAUCHEN SCHIENEN, IHRE WIRKLICHKEITSNÄHE. UM DIESE NEUE WIRKLICHKEIT ZU ERREICHEN, MUSSTE DIE ÖLMALEREI WIEDERENTDECKT WERDEN. BIS DAHIN WURDE HAUPTSÄCHLICH DIE TEMPERAMALEREI BENUTZT, DIE AUS EINER MISCHUNG VON PFLANZLICHEN PIGMENTEN UND GEMAHLENEN MINERALIEN BESTAND. DIE MASSE ENTSTAND DURCH DIE HINZUFÜGUNG VON EI. DIESE MISCHUNG TROCKNETE SEHR RASCH UND VAN EYCK ERSETZTE SIE DURCH EINE ANDERE AUS TROCKENÖL UND EINER UNBEKANNTEN IN ÖL UNLÖSLICHEN SUBSTANZ, DIE KEINE EMULSION BILDETE. DIE NEUE FORMEL ERMÖGLICHTE EINEN WESENTLICH LANGSAMEREN TROCKENVORGANG UND SO WURDE DAS SCHICHTWEISE AUFTRAGEN TRANSPARENTER FARBEN MÖGLICH. MAN TRUG GLASUREN ÜBEREINANDER AUF, UM SO DIE LEUCHTENDEN ELEMENTE HERVORZUHEBEN, LEBENDIGERE FARBEN UND EINEN BISLANG UNBEKANNTEN GLANZ ZU ERZEUGEN, WODURCH DAS LICHT VON DEM GLATT UND DICHT VORBEREITETEN HINTERGRUND ZURÜCKGESPIEGELT WURDE. DAMIT WAR ES MÖGLICH, NICHT NUR FEINERE PINSEL AUS BORSTEN UND MÄHNENHAAR ZU BENUTZEN, SONDERN AUCH OPTISCHE GERÄTE, DIE DIE ARBEIT ERLEICHTERTEN. ES GIBT EIN KLARES VERHÄLTNIS ZWISCHEN DER GEWÄHLTEN ARBEITSTECHNIK UND DER ABSICHT DES KÜNSTLERS. NUR IN DER ÖLMALEREI IST ES MÖGLICH, DIE ATMOSPHÄRISCHEN FEINHEITEN UND LICHTEFFEKTE ABZUBILDEN, DAS VERHÄLTNIS ZWISCHEN DEM UNENDLICH KLEINEN UND DEM UNIVERSUM IN SEINER GESAMTHEIT DARZUSTELLEN, DIE PERFEKTE FUSION ZWISCHEN DEM INNEREN UND DEM ÄUSSEREN RAUM DES GEMÄLDES ZU ERHALTEN. AUSSERDEM ENTWICKELTE DER NEUE FLÄMISCHE REALISMUS EINEN VERBORGENEN SYMBOLISMUS, NACH DEM DIE ALLTÄGLICHEN GEGENSTÄNDE SYMBOLISCHE BEDEUTUNGEN HATTEN, DIE SICH HINTER DEM ÄUSSEREN ERSCHEINUNGSBILD VERSTECKTEN.

ein neues Aussehen zu geben. Es ging nicht mehr um eine einfache Anhäufung von Gegenständen, sondern um die Annäherung der Formen und die Ausdehnung der Räume. In der Kapelle befinden sich ausserdem zwei wunderbare Tafeln: Die Kreuzabnahme und die Geburt Christi. Sie gehören zu einem Triptychon, dessen dritte Tafel sich in New York befindet. Diese Werke stellen den grossen Einfluss dar, den der Meister auf seine Zeitgenossen ausübte. Bei der Kreuzabnahme wird der Schmerz in allen seinen Stufen auf edle Art zurückgehalten, ohne vehemente oder ungeordnete Gesten zu benutzen. Die Formgebung und die Farben spiegeln die Gefühle des Malers wider. Er benutzt helle Farben und betont kaum die Rauminhalte, indem er die Umrisse verschwimmen lässt. Nur die Konturen von Nase, Augenbrauen, Lippen, Gesichtszügen usw., sind genau ausgearbeitet. Bei der Geburt Christi zeigt Maria die zierlichen Hände einer Aristokratin, die durch den Helldunkeleffekt, der die Formen im zunehmenden Licht modelliert, leicht betont werden. Ihre Haut ist meisterhaft verwirklicht, womit der Künstler einen besonderen Erfolg hatte. Die Landschaften sind vage und unbestimmt, ohne genaue Details, so dass nichts Besonderes hervorgehoben wird. Der Rahmen dient aber immer als treue und harmonische Begleitung.

Dierik Bouts, 1415 in Haarlem geboren, ist der erste grosse holländische Vertreter der hochwichtigen Malerei in Nordeuropa. Von Van Eyck übernahm er die Behandlungsweise des Lichtes, von Van der Weyden seine Themen und eleganten Modelle. Er eignete sich alles Vorhergehende an. Mit der sonderbaren Ausführung der Themen schuf er eine eigentümliche Äs-

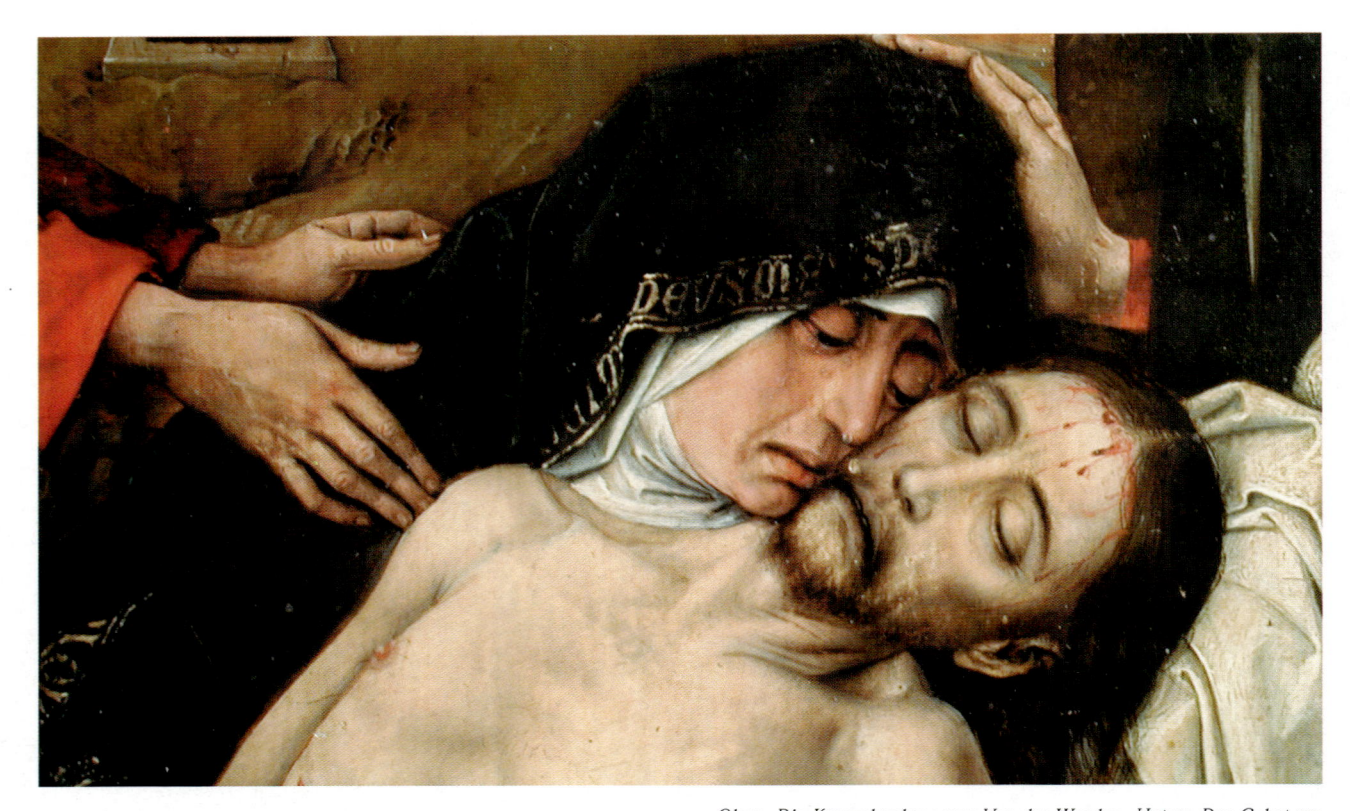

Oben: Die Kreuzabnahme von Van der Weyden. Unten: Das Gebet am Ölberg von Boticelli. Auf den folgenden drei Seiten: Detailausschnitte aus den Gemälden von Hans Memling.

thetik. Er wird als würdevoller Nachfolger von Van Eyck und Bindeglied zwischen der ersten und den nachfolgenden Generationen betrachtet. Aufgrund von seinem tiefen Sinn für Raum und für die Beziehungen, die zwischen der Landschaft und den darin abgebildeten Personen bestehen können, nannte man ihn den "Erfinder der Landschaft". Diese Landschaft ist aber immer frei von unnötiger Pracht, um sie so in seine nüchterne, mystische und tief religiöse Welt einfügen zu können. Er verlängerte die Körper in ungebräuchlicher Form, um den Figuren mehr Bedeutung zu geben, und stellte sie im Profil dar, um einen grösseren Ausdruck zu erreichen. Er gewährte ihnen einen ganz genauen Platz, denn er organisierte vernünftigerweise die Bühnenkomposition fast im Stil eines Technikers, erreichte aber in deren Aufstellung eine grosse Natürlichkeit. Niemand zuvor hatte solche leuchtende und dramatische Dämmerungen erreicht, die Jahreszeiten und die Wetterlage so gut wiedergegeben, die Gesteinmassen in die Landschaft so natürlich integriert. Besonders nennenswert ist das Passions-Triptychon - heute in der Sakristei *(siehe oben)* - und das Porträt Christi mit tiefem und beunruhigendem Blick, dessen Stattlichkeit und Gemütsruhe jenseits alles Menschlichen zu sein scheint. HANS MEMLING, um 1430 in Aschaffenburg (Deutschland) geboren, erhielt in Köln seine erste Ausbildung, aber erst nach seiner Lehrzeit im Atelier von Van der Weyden erreichte er seine Reife und seinen guten Namen. Er integrierte sich in die Bürgerschaft, für die er einige der besten Porträts in der Geschichte der Malerei schuf. Das Diptychon der Kreuzabnahme, die Pietà oder die Madonna mit Kind enthalten den Mystizismus und die zarte Komposition im Stil des Meisters. Die minuziös ausgeführte Landschaft, die ruhigen Gesichter und die samtigen, meisterhaft verarbeiteten Kleidungen sind besonders nennenswert.

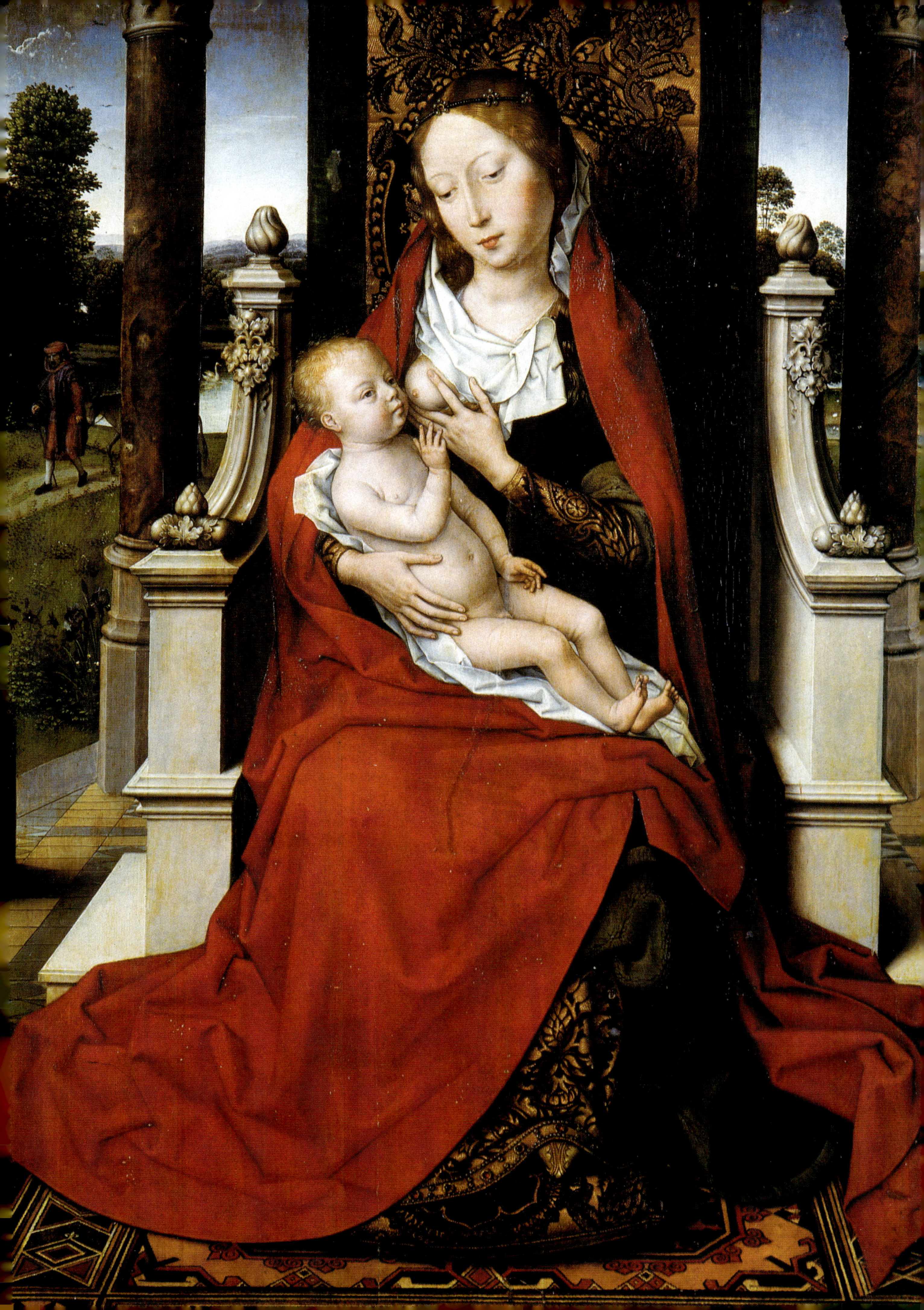

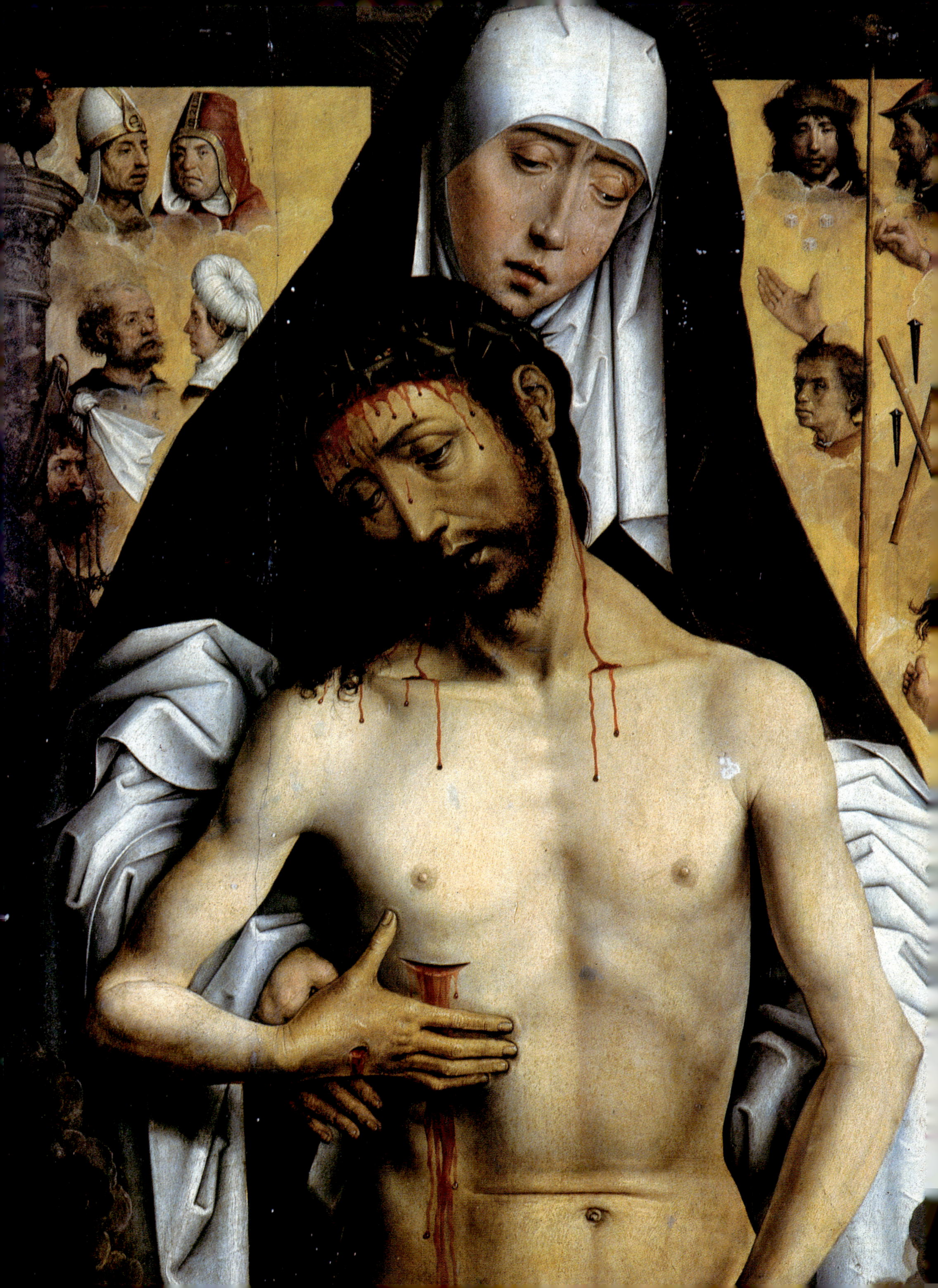

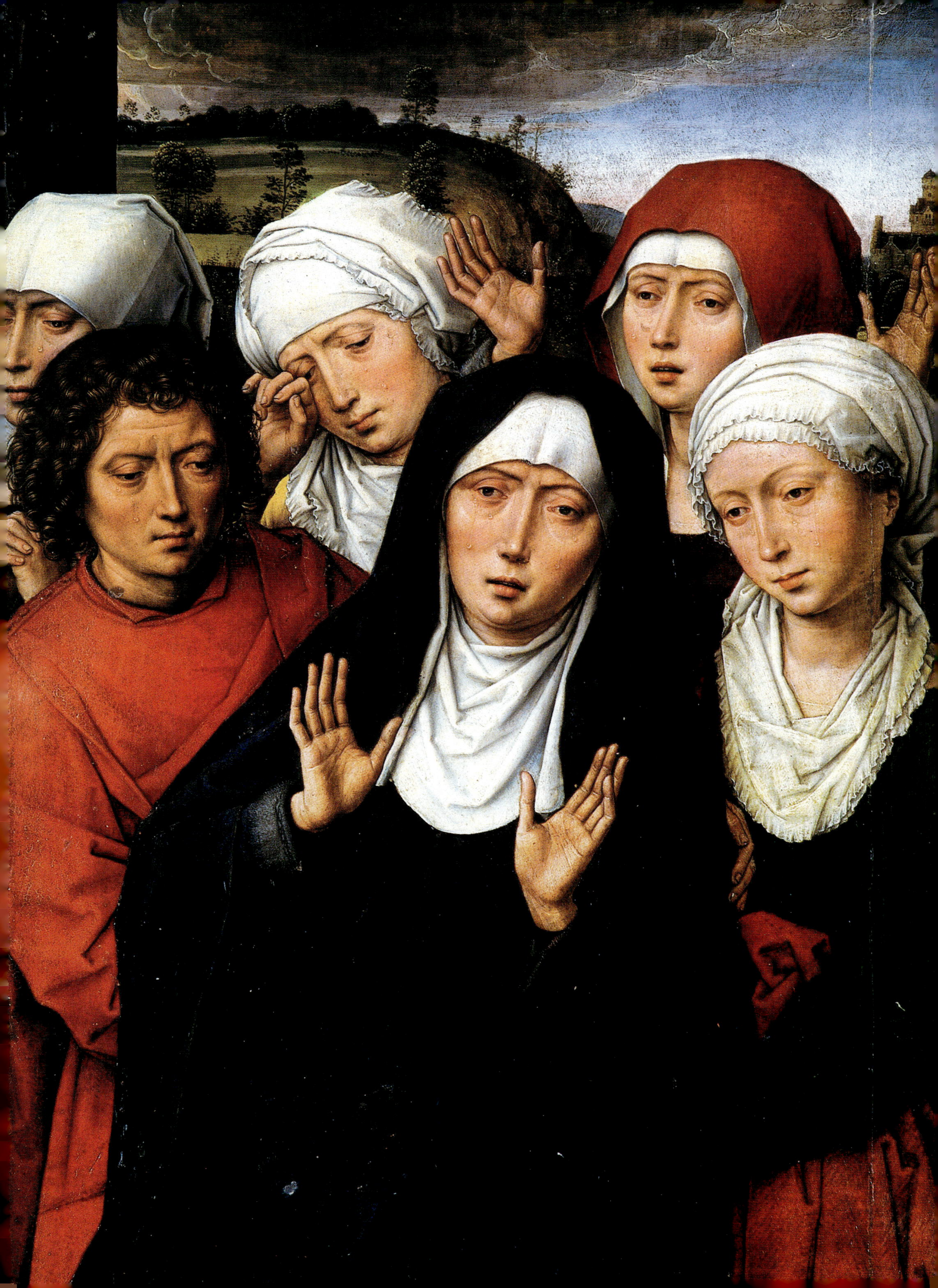

La Catedral

Kathedrale

Königliche Kapelle

Sagrario-Kirche, alte Moschee.

DIE KATHEDRALE

Gleichzeitig wie die Königliche Kapelle wurde die Kathedrale entworfen. Der neue Bischofssitz sollte die Eroberung in Erinnerung erhalten und auf den neuen Glauben und die neue kommende soziale Realität hinweisen. Erst 1523 begannen die Arbeiten unter der Leitung von Enrique Egas und Juan Gil de Hontañón, den alten Meistern der Gotik, die die veralteten Entwürfe aus der vorhergehenden Zeit kaum benutzten. Karl V. verbrachte in Granada die Flitterwochen (1526) und entschloss sich, aus der Kathedrale die Grabeskirche für seine Dynastie zu machen. Dieser Wunsch führte zur Beschleunigung der Bauarbeiten, aber es war Diego de Siloe, der junge Architekt aus Burgos und flämischer Herkunft, der 1528 die Leitung übernahm und den gotisch begonnenen Bau im Renaissancestil fortführte. Diese Veränderung betraf nicht nur die Bauformen sondern auch die Ausdrucksweise des ideologischen Inhalts.

Die Pläne Siloes beunruhigten den Kaiser, der sich um die Königliche Kapelle sorgte, so dass der Meister sich nach Toledo begeben musste, um Karl V. mit Hilfe von Erzbischof Fonseca von dem Vorteil des neuen Stiles zu überzeugen, der für einen Kaiser geeigneter war. Nach dem Vorbild der christlichen Tradition entwarf er die Hauptkapelle, die als Grablege dienen sollte. Ein grosser alleinstehender Zylinder erhebt sich in der Mitte und wird von einem Deambulatorium umringt im Stil der Grabeskirche in Jerusalem. Ein riesiger Triumphbogen öffnet die Hauptkapelle zum Querhaus. Diese Einrichtung weist gleichzeitig die Verwandtschaft mit den alten christlichen Bauten und mit dem römischen Erbe nach. Karl V. war schliesslich Kaiser des Heiligen Römischen Germanischen Reiches, Nachfolger dieser Traditionen. Diese neue Bauform mit weiten Räumen und doppeltem Querhaus mit sehr hohen Gewölben führte zu einer prachtvollen Prozessionskirche, in der die Hauptkapelle nicht von allen Seiten sichtbar ist. 35 Jahre lang arbeitete Siloe an diesem Werk, eines unter den wichtigsten der Weltkunst.

Vorherige Seite: Das Innere der Kathedrale von der Hauptkapelle aus gesehen. Die Laibung des Hauptbogens wird im Verlauf nach oben allmählich schmäler, um die zylindrische und hohlrunde Form zu bewahren.

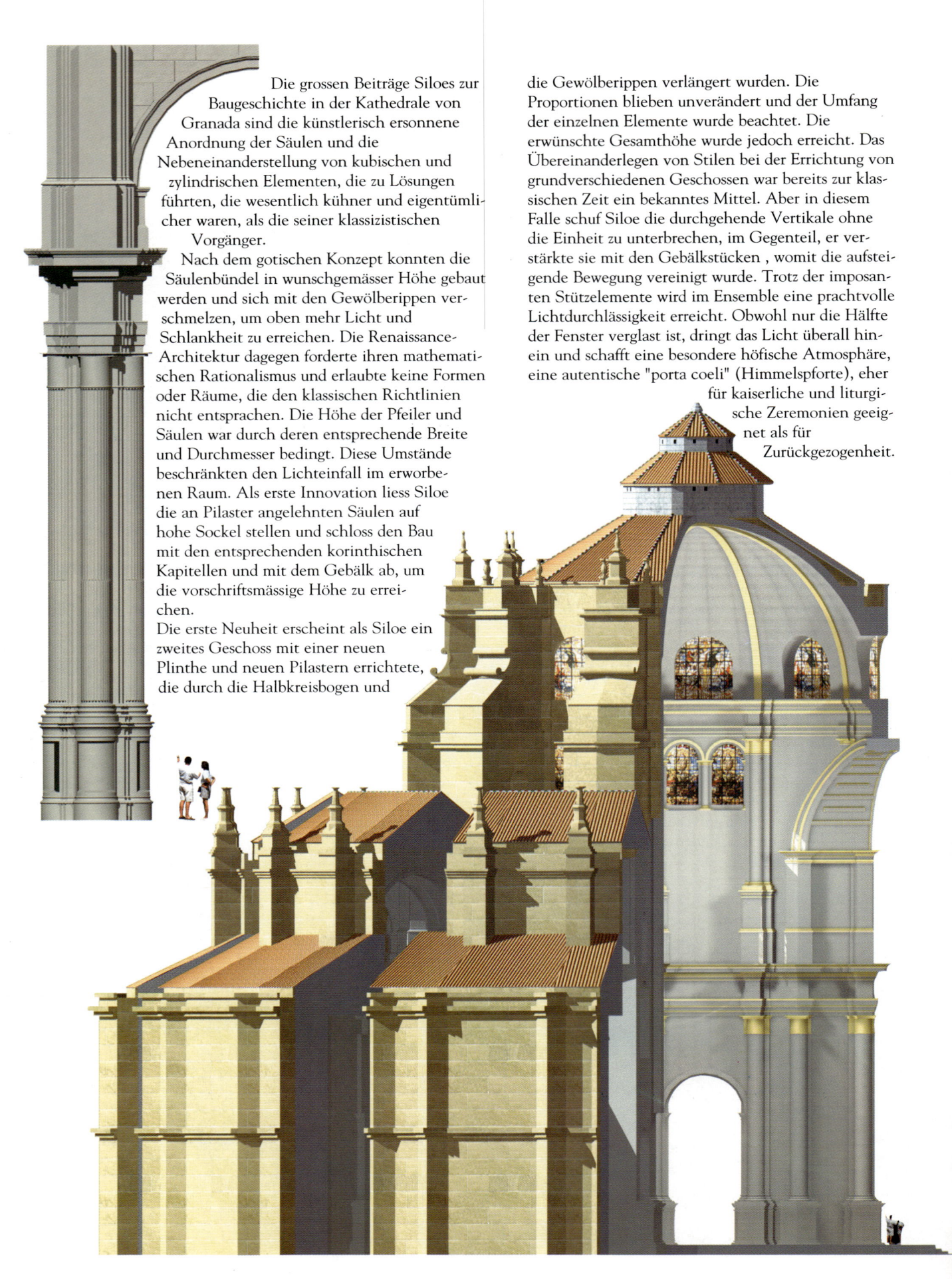

Die grossen Beiträge Siloes zur Baugeschichte in der Kathedrale von Granada sind die künstlerisch ersonnene Anordnung der Säulen und die Nebeneinanderstellung von kubischen und zylindrischen Elementen, die zu Lösungen führten, die wesentlich kühner und eigentümlicher waren, als die seiner klassizistischen Vorgänger.

Nach dem gotischen Konzept konnten die Säulenbündel in wunschgemässer Höhe gebaut werden und sich mit den Gewölberippen verschmelzen, um oben mehr Licht und Schlankheit zu erreichen. Die Renaissance-Architektur dagegen forderte ihren mathematischen Rationalismus und erlaubte keine Formen oder Räume, die den klassischen Richtlinien nicht entsprachen. Die Höhe der Pfeiler und Säulen war durch deren entsprechende Breite und Durchmesser bedingt. Diese Umstände beschränkten den Lichteinfall im erworbenen Raum. Als erste Innovation liess Siloe die an Pilaster angelehnten Säulen auf hohe Sockel stellen und schloss den Bau mit den entsprechenden korinthischen Kapitellen und mit dem Gebälk ab, um die vorschriftsmässige Höhe zu erreichen.

Die erste Neuheit erscheint als Siloe ein zweites Geschoss mit einer neuen Plinthe und neuen Pilastern errichtete, die durch die Halbkreisbogen und die Gewölberippen verlängert wurden. Die Proportionen blieben unverändert und der Umfang der einzelnen Elemente wurde beachtet. Die erwünschte Gesamthöhe wurde jedoch erreicht. Das Übereinanderlegen von Stilen bei der Errichtung von grundverschiedenen Geschossen war bereits zur klassischen Zeit ein bekanntes Mittel. Aber in diesem Falle schuf Siloe die durchgehende Vertikale ohne die Einheit zu unterbrechen, im Gegenteil, er verstärkte sie mit den Gebälkstücken, womit die aufsteigende Bewegung vereinigt wurde. Trotz der imposanten Stützelemente wird im Ensemble eine prachtvolle Lichtdurchlässigkeit erreicht. Obwohl nur die Hälfte der Fenster verglast ist, dringt das Licht überall hinein und schafft eine besondere höfische Atmosphäre, eine autentische "porta coeli" (Himmelspforte), eher für kaiserliche und liturgische Zeremonien geeignet als für Zurückgezogenheit.

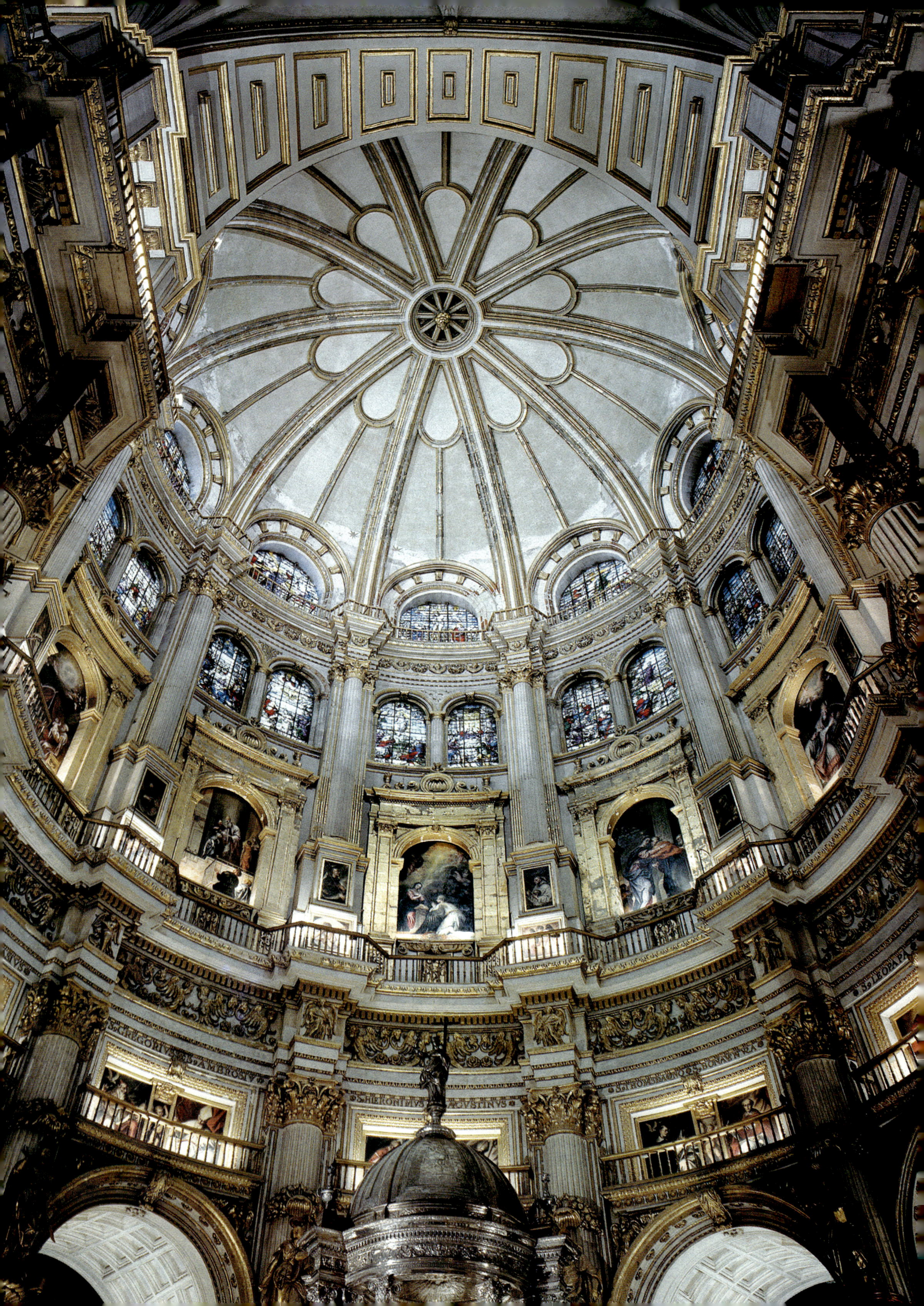
S. GREGORIVS
S. HIERONIMVS

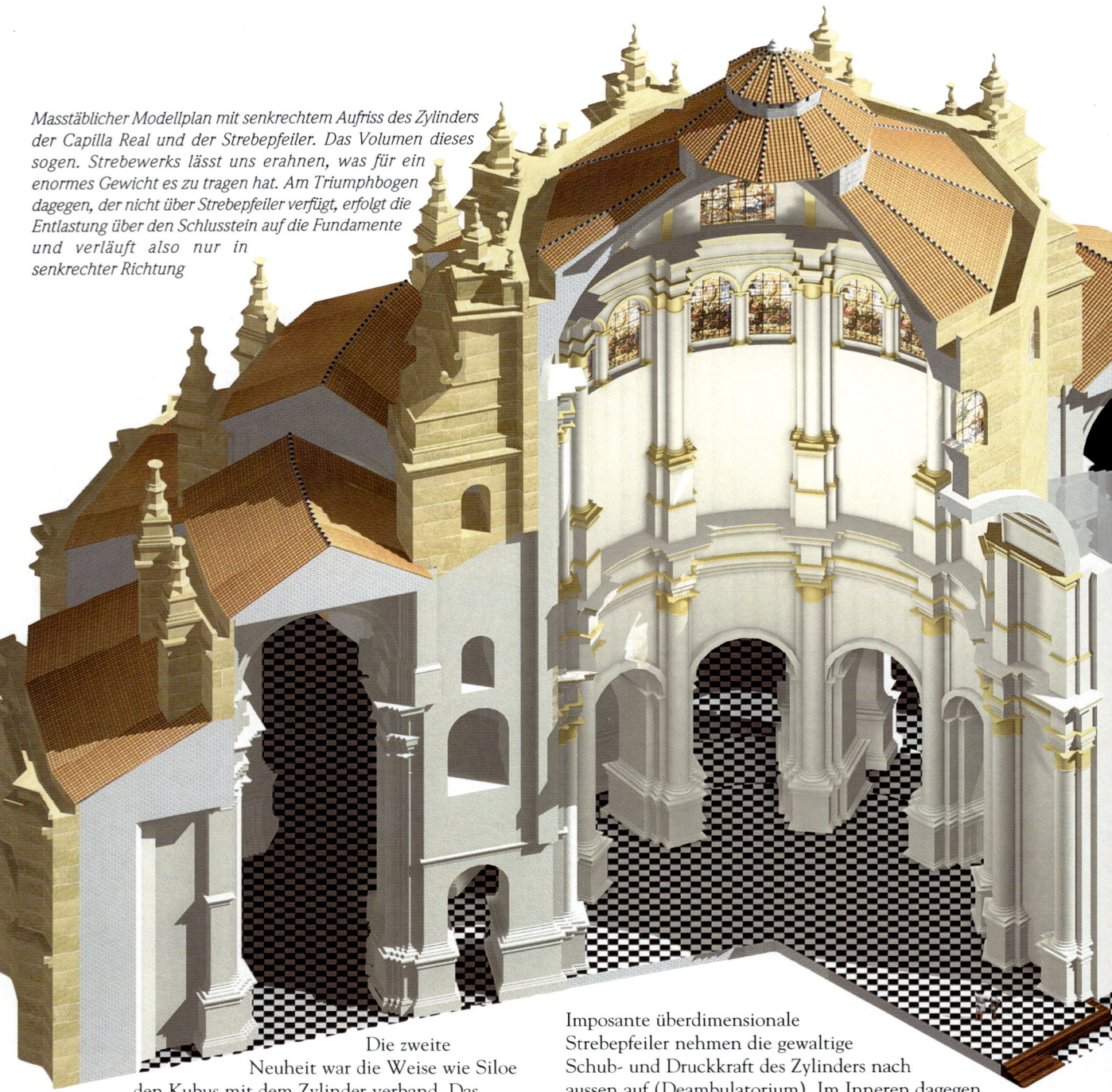

Masstäblicher Modellplan mit senkrechtem Aufriss des Zylinders der Capilla Real und der Strebepfeiler. Das Volumen dieses sogen. Strebewerks lässt uns erahnen, was für ein enormes Gewicht es zu tragen hat. Am Triumphbogen dagegen, der nicht über Strebepfeiler verfügt, erfolgt die Entlastung über den Schlusstein auf die Fundamente und verläuft also nur in senkrechter Richtung

Die zweite Neuheit war die Weise wie Siloe den Kubus mit dem Zylinder verband. Das Übereinanderlegen beider Bauteile, eine echte Herausforderung für die Renaissance-Architekten, hatte mehrere Präzedenzfälle in Italien, einem von Siloe gut bekannten Lande (Verkündigungs-Kirche und Kathedrale in Florenz). In den meisten Fällen wurde das Gewicht der Kuppel auf die Stützen ringsherum verteilt, das heisst in einem Winkel von 360º (Petersdom oder Bauten von Bramante und Alberti usw.). Nach Vorschlag von Bramante entwarf Siloe in Granada eine neue Lösung: die Nebeneinanderstellung der einzelnen Elemente (ein Kubus und ein 15 Meter höherer Zylinder) anstatt deren Durchdringung. Dafür musste über ein Drittel des Gewichtes der riesigen Kuppel - 45 Meter hoch und 20 Meter Durchmesser- auf dem Triumphbogen ruhen, um damit auf das Gegengewicht zu verzichten, das die Druckkraft des Zylinders auf das Rechteck der Schiffe ausgleichen würde, da beide Bauelemente selbstständig waren.

Imposante überdimensionale Strebepfeiler nehmen die gewaltige Schub- und Druckkraft des Zylinders nach aussen auf (Deambulatorium). Im Inneren dagegen liess er den Bau auf dem Schlüssel des Hauptbogens entlasten (Triumphbogen). Der Meister griff zu dieser Lösung nicht aus purer Laune, sondern aus dem Bedarf, eine runde Hauptkapelle zu errichten, das heisst er brauchte einen konvergenten, gleichzeitig geöffneten Zentralraum, getrennt von den anderen Schiffen, um ihn als königliche Grablege zu benutzen, einen Raum im Stil der nach Tradition auch rundgebauten Grabeskirche in Jerusalem. Prof. Sánchez Mesa äussert: "In diesem grossen Tempel des Humanismus entsteht eine ausgeglichene Spannung zwischen dem Religiösen und dem Profanen, zwischen den schweren und massiven Strebepfeilern und der leichten und schlanken Struktur, die sich durch rhythmisch angeordnete Glasfenster nach aussen öffnet, so dass sich die Hauptkapelle in eine pyramidenförmige Laterne voll von monumentaler Einheit, Harmonie und Symbolismus umwandelt".

Das Foto auf der rechten Seite, das vom Boden aus in einem 180° Winkel aufgenommen ist, zeigt das komplette Dach des Hauptschiffs. Die Hauptkapelle (unten) mit ihrem Kuppelgewölbe. Die übrigen Gewölbe, das Kreuzschiff inbegriffen, sind gotisch und waren von daher im 16.Jh. bereits aus der Mode gekommen. Da die Baumeister nicht in der Lage waren, die Gewölbe nach dem Entwurf von Siloe auszuführen, entschlossen sie sich für die Anwendung einer einfacheren Technik, die der gerippten Kuppeln, die durch das ganze Mittelalter hindurch praktiziert worden und ihnen wohl bekannt war.

In dem unten gezeigten Grundriss von Siloe lässt sich die Aneinanderreihung von Würfeln und Rechtecken erkennen. Professor Rosenthal zeigt die Originalität des granadinischen Entwurfs im Vergleich mit anderen zeitgenössischen Grundrissen auf, an denen sich Siloe hätte inspirieren können.

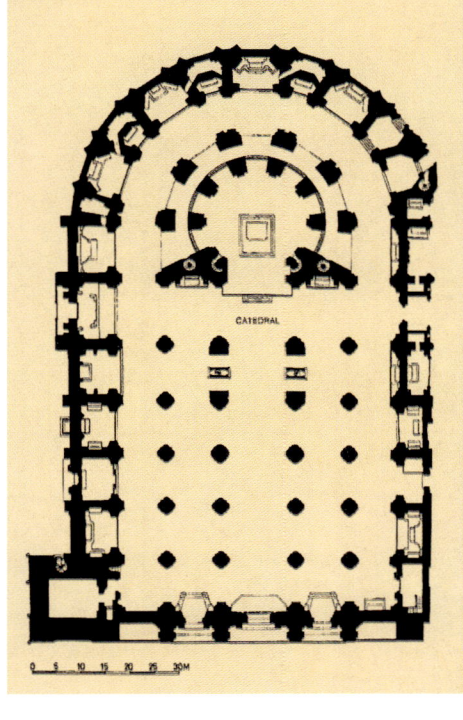

In der Hauptkapelle stammt das Licht von oben. Es dringt durch die bunten Glasfenster hinein, die das Licht filtern und mit leuchtenden und kontrastierenden Nuancen färben. Durch diese transparente und bunte Atmosphäre im oberen Raum wird die Kuppel zum Symbol des Gotteshauses (Domus Dei) oder der Himmelpforte (Porta Coeli), wie man auf einer Tafel lesen kann. Die bunten Glasfenster sind entworfen, um von der Ferne aus gesehen zu werden (ab 50 Meter), aber von der Nähe aus wirken sie wie Malereien, so sorgfältig sind sie ausgeführt worden. Die dargestellten Menschen weisen die anatomischen Masse und Proportionen auf, die für die Renaissance-Künstler so wichtig waren, und vermitteln gleichzeitig das Interesse für die Perspektive, die mittels Felsen, Wolken, Säulen usw. erreicht wurde. Diese Elemente wurden in der Malerei mit grossem Erfolg benutzt, aber auf dem Glas war diese Arbeit nicht so einfach. In diesem Falle ist es das Licht, das die dritte Dimension verschafft. Die Doppelfenster zwischen den Säulen im ersten Geschoss enthalten Szenen aus dem Leben Jesu (siehe links und rechts), die Kuppelfenster in der Zone darüber biblische Szenen (siehe oben).

In der Hauptkapelle ist der Raum offen und gleichzeitig durch den grossen zylinderförmigen Bau abgeschlossen und gekrönt durch das Kuppeldach (Prof. Pita Andrade). Er besteht aus zwei Geschossen, in denen sich das ikonographische Programm abspielt, das diesem Bau seine Bedeutung gibt. Über den trompetenförmigen Bogen im unteren Geschoss befinden sich die als Grabstätte vorgesehenen Räume. Sie sind am dunkelsten Platz der Kathedrale neben der Erde in Finsternis wie alle Menschen. Im oberen Geschoss ruhen die strahlenförmigen Kuppelrippen auf den Säulen, die sich an die Pilaster lehnen. Diese verbergen die riesigen Strebepfeiler. Die Flächenschichten zwischen den Säulen enthalten Malereien und Glasfenster, in denen Szenen der Geheimnisse und des übernatürlichen Lebens dargestellt sind. Die bunten Gläser lassen das Licht eindringen und bilden gleichsam einen Lichtmantel um den Gesamtraum. Dieses diffuse Licht stellt die Erlösung und die Glorie dar, die nur durch Maria erreichbar ist, deren Leben auf den Bildern Canos geschildert wird. Nur durch ihre Vermittlung und durch die Würdigkeit der Passion Christi wird das ewige Leben erreicht. Theologische Konzepte werden in einem sakralischen Raum zusammengefasst. Auf diese praktische und geozentrische Weise wird der Religionsunter-richt beigebracht. Gleichzeitig wird damit versucht, den Platonismus mit der Kirche in Einklang zu bringen, die Vernunft mit dem Glauben. Ursprünglich sollten alle Fenster mit den bunten Gläsern versehen werden, aber nicht alle wurden ausgeführt. Die besten und wichtigsten befinden sich in den beiden Geschossen der Hauptkapelle (siehe oben). Die 14 unteren Glasfenster von Theodor von Holland (Dirk Vellert) enthalten Szenen aus dem Leben Jesu. Sie weisen einen klaren italienischen und flämischen Einfluss auf, denn der in Italien ausgebildete Künstler stammte aus Amsterdam und war in Antwerpen sesshaft. Die oberen Kuppelfenster enthalten Passionsszenen von Johan van Kamp, einem Flamen, der auch Bildhauer und Architekt war. Er arbeitete in Granada und kam in Verbindung mit Diego de Siloe, von dem sehr wahrscheinlich die Zeichnungen stammten. "Die Monumentalität und der Umfang, die Plastizität und die Leiblichkeit der Figuren deuten den Einfluss Siloes an" (Victor Nieto). Laut Prof. Pita Andrade sind diese Glasfenster das wichtigste Werk der spanischen Renaissnce und der letzte kraftvolle Ausdruck der Kunst bis heute. Unterhalb der Glasfenster zwischen der Helligkeit und der Finsternis befinden sich die "in der spanischen Malerei einmaligen" Bilder von Alonso Cano mit Szenen aus dem Marienleben. Er war Maler, Architekt und Bildhauer. Obwohl er im Barockstil arbeitete, liess er sich von Michelangelos Klassizismus beeinflussen und schuf einen eigenen Stil mit Barockformen und einem herrlichen klassizistischen Hintergrund. Er benutzte optische Mittel wie Treppen, Plinthen, Gitter und andere architektonische Elemente, um verschiedene Räume und Szenen zu schaffen, um die Wirkung der Perspektive zu betonen. Cano berücksichtigte bei der Ausführung seines Werkes die Beleuchtung, die Lage und vor allem die Umgebung, so dass sein Werk in Einklang mit den anderen Elementen in der Hauptkapelle stand und dadurch erreichte das Ganze einen solch grossen Erfolg. Die Kleidung in rot und blau, den Lieblingsfarben Canos, kontrastieren mit der Feinheit und Lieblichkeit des Gesichtes der Madonna. Der Künstler gewährte ihr nicht nur die klassische Gelassenheit, sondern auch die Sanftheit, die in den Abbildungen der römischen Göttinnen und Matronen nicht zu sehen ist *(siehe links)*. In der Sakristei befindet sich die kleine Immakulata von Alonso Cano *(siehe rechts)*. Ihre feinen Hände und ihr in die Ferne gerichteter Blick markieren die Entfernung zwischen dem Menschlichen und dem Göttlichen im Stil von Phidias. Sie stellt die Glückseligkeit der Mutter Gottes dar, die von der Erbsünde verschont blieb.

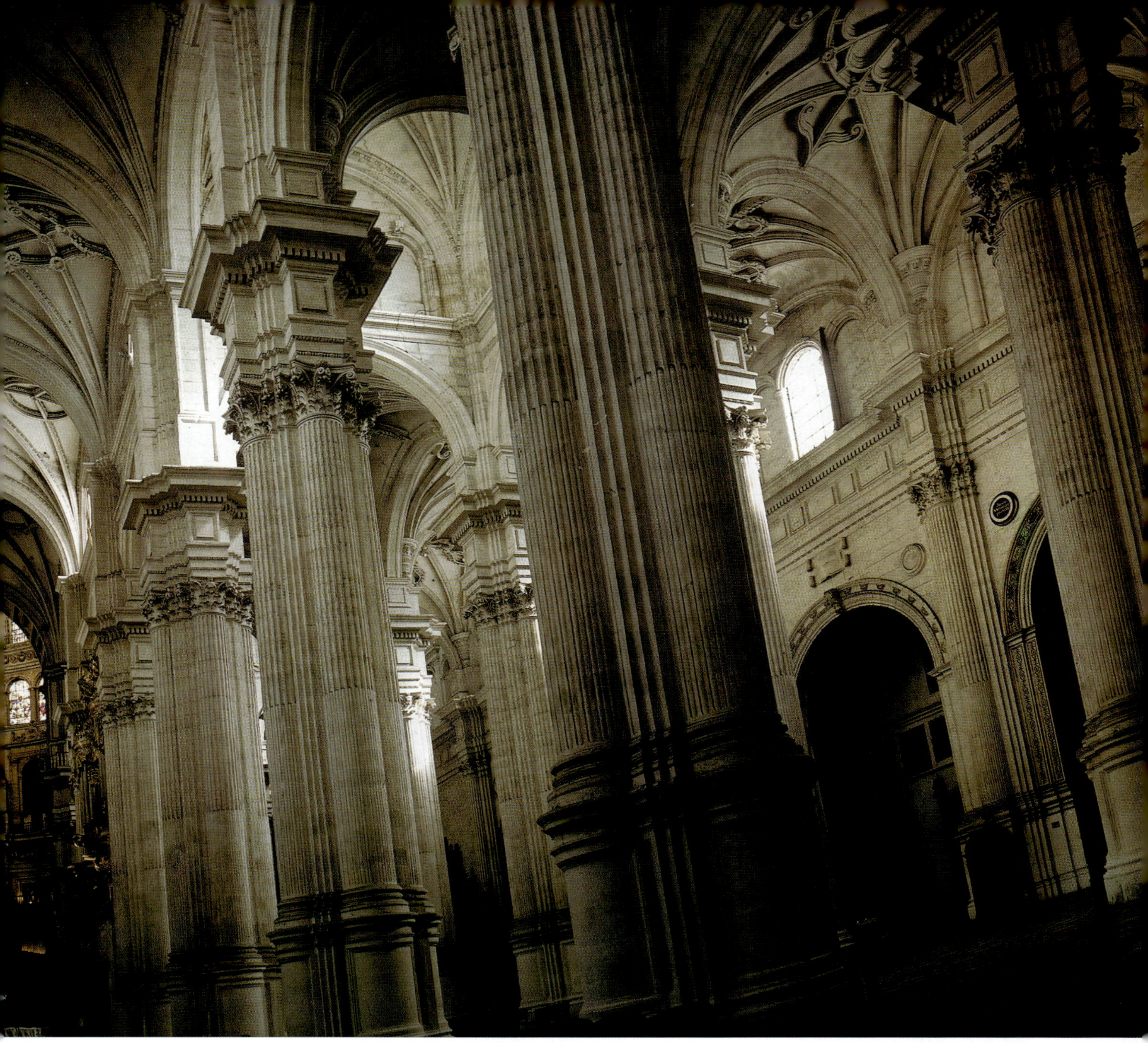

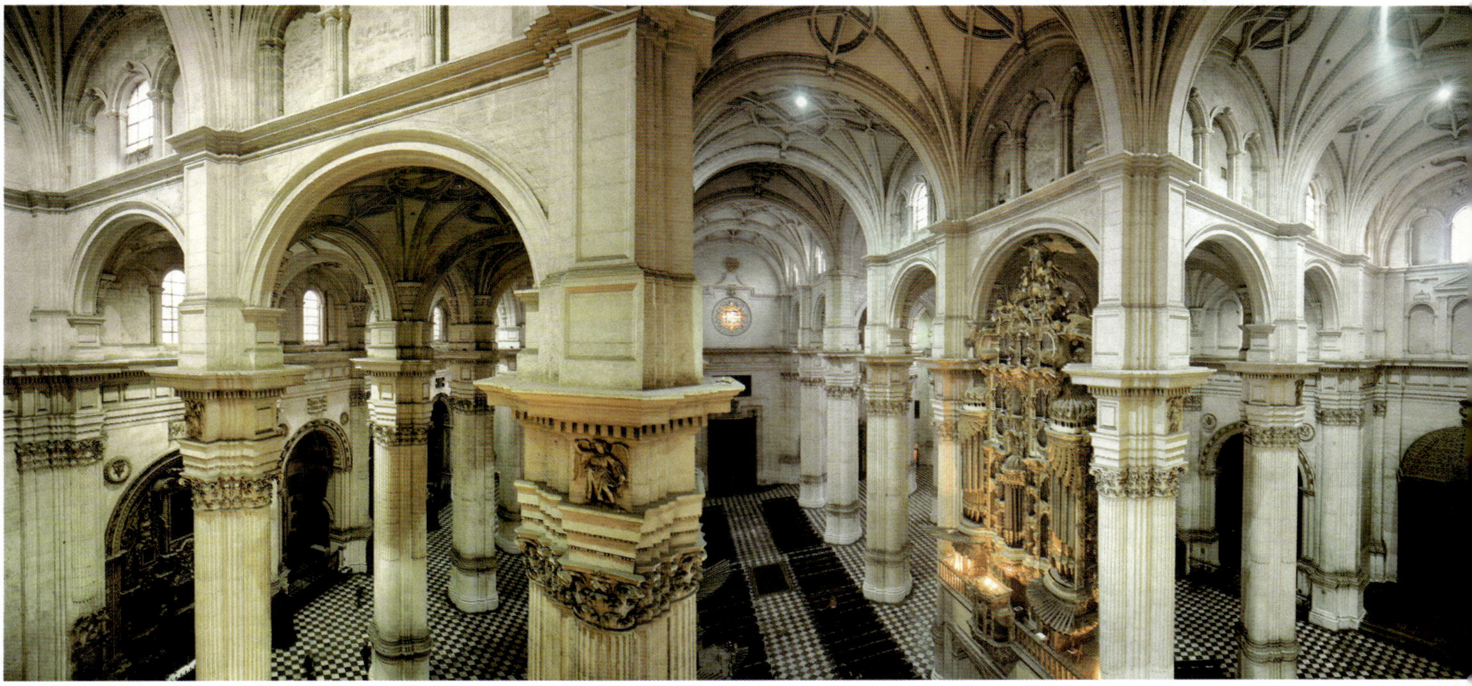

Der Symbolismus. An den Kunstwerken lässt sich der Entstehungszeitpunkt und die Weltanschauung ihrer Erbauer ablesen. In der Renaissance wird der Mensch zum Mittelpunkt eines geozentrischen Universums, er betrachtet sich selbst als Mass und Regel, Gott schuf ihn nach seinem Ebenbild. Darum ist das menschliche Werk eine Widerspiegelung der Göttlichkeit. Sein Selbstvertrauen entfernt ihn vom romanischen Mystizismus und vom gotischen Naturalismus und führt ihn zu einem gewissen heidnischen Rationalismus. Er schaut zurück auf die alte Welt, von deren Herrlichkeiten er sich als Erbe fühlt. Von der Schöpfung an war die Welt fünftausend Jahre alt und nach einigen Jahrhunderten Dunkelheit, würde endlich der Glauben Christi herrschen. Das heilige Gebiet wirkt geräumig, offen, mächtig, fast drückend. Der Mensch, sein Erbauer, fühlt sich klein darin aber unweit vom Himmlischen. Die Kathedrale von Granada, das Haus von Gott und vom Kaiser, ist ein gutes Beispiel dafür. Die Bauwerke, zu Diensten der Gedanken hergestellt, erklären die historische Lage, in der sich die spanische Monarchie damals befand. An den grossen Stützen des Hauptbogens zum Querhaus stehen in Rundnischen die Büsten von Adam (oben links) und Eva (rechts), die Eltern der Menschheit, darunter die Oranten-Figuren der Katholischen Könige, ihre Nachfolger und Glaubensverteidiger. Dies ist das Zeugnis ihres starken Glaubens, der keinen Zweifel zulässt. Sie waren überzeugt, das Licht des Evangeliums auf die ganze Welt bringen zu können.

TOR DER VERGEBUNG.

(Puerta del Perdón), rechts.

Die Meister der Renaissance waren Humanisten mit einer guten Ausbildung in mehreren Kunstgebieten, so dass sie fähig waren, fast alle Berufe auszuüben, die für die Ausführung eines Entwurfes notwendig waren. In einigen Dokumenten werden sie beschrieben. Versehen mit ihrem Handwerkerschurz, nahmen sie manchmal mit ihren eigenen Händen an den Bauarbeiten teil. Siloe machte Zeichnungen und Entwürfe für das Atelier und führte sogar einige Statuen aus, die für den Bau ein wichtiger Bestandteil waren.

Die Puerta del Perdón (rechts) am Querhaus dient zugleich als Zutritt zur Königlichen Kapelle, da der ursprüngliche im Inneren der Kathedrale geblieben war. Die Dekorationselemente beziehen sich daher auf beide Kirchen und auf die Katholischen Könige und auf Karl V. Ihre Wappen befinden sich an den Strebepfeilern. Es handelt sich um ein monumentales Tor in Form eines Retabels, " an dem ein sehr gutes Gleichgewicht zwischen Architektur und Skulptur erreicht wird" (Prof. Pita Andrade) und an dem das Innere erwähnt wird. Das Portal gliedert sich in drei Geschosse. Das untere wurde von Siloe in Form eines Triumphbogens errichtet. In den Bogenzwickeln darüber sind Glaube und Gerechtigkeit dargestellt mit einer Kartusche, in der nach siebenhundertjähriger maurischer Herrschaft eben diese zwei Tugenden der Katholischen Könige gepriesen werden. Zahlreiche platereske Dekorationselemente betonen den Helldunkeleffekt der Nischen und der Reliefs. Für die Schüler Siloes war der Entwurf mit dessen Komposition jahrelang Vorbild. Im 18. Jh., zur Spätbarockzeit, war dieser Einfluss immer noch bemerkbar.

Die Hauptfassade wurde ursprünglich von Siloe entworfen, das entsprechende Holzmodell aber ging verloren. Es ist bekannt, dass er ein grosses Portal mit drei römischen, den Schiffen entsprechenden Triumphbogen vorgesehen hatte. Zwei gleichförmige Türme sollten die Fassade umrahmen und das Ensemble ergänzen. Lediglich der nördliche Turm wurde errichtet, blieb jedoch unvollendet. Alonso Cano kannte das Projekt und den Baustil von Siloe und entwarf 1667 kurz vor seinem Tode die heutige Fassade. Nach Ansicht von Fachleuten richtete er sich so weit wie möglich nach den Plänen von Siloe. Cano lebte zur Barockzeit, war jedoch an den klassischen Stil, insbesondere an den von Michelangelo eingeführten manieristischen Stil gebunden. Von diesem übernahm er die neuartigen Verzierungen und die rhythmisch verteilten Bauelemente und milderte damit die strengen Regeln des Klassizismus. Sein Barockstil ragte besonders in den Details und in den Gestalten hervor, wie z.B. in den plastischen Darstellungen der Apostel und Evangelisten. Er ersetzte die Kapitelle durch Medaillons und Blütenmotive und die Säulen durch Pilaster. Die Flächenschichten verlegte er auf eine weiter hinten gelegene Ebene und damit wurde der Helldunkeleffekt hervorgehoben. Das Merkwürdigste dieser Fassade ist also ihre Ausführung selbst mittels grossen alternierenden Bauelementen und der Sparsamkeit an kleineren Verzierungsteilen, mit denen die Puerta del Perdón reichlich versehen ist.

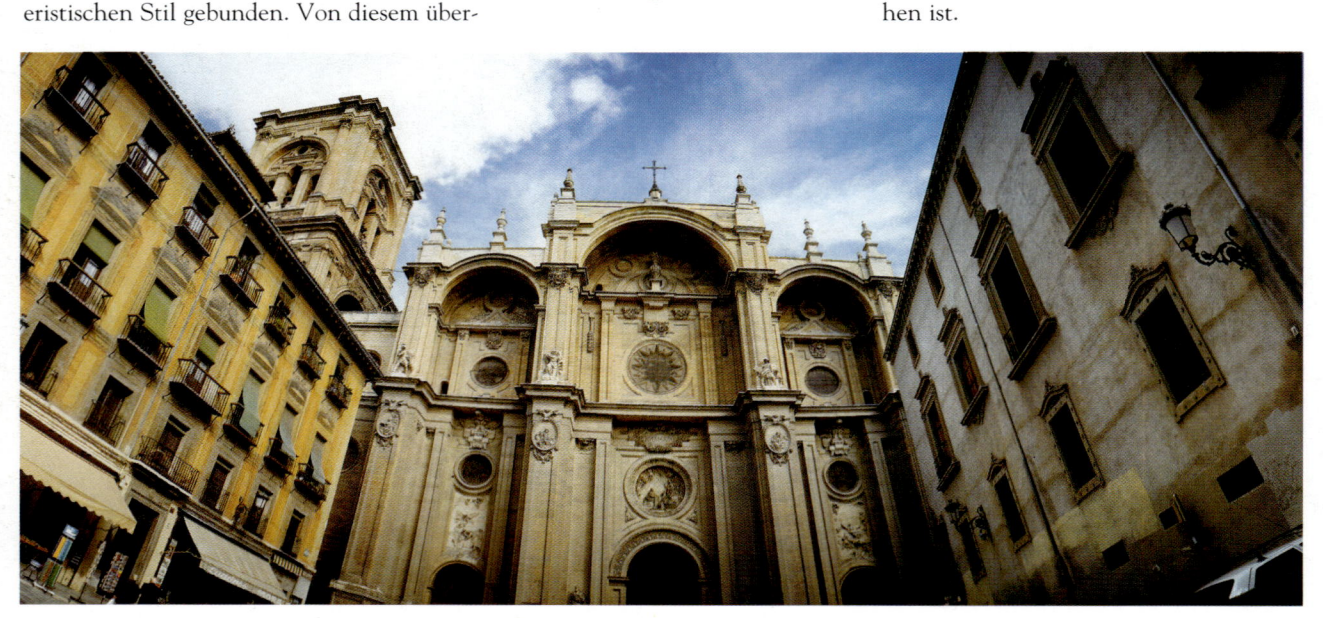

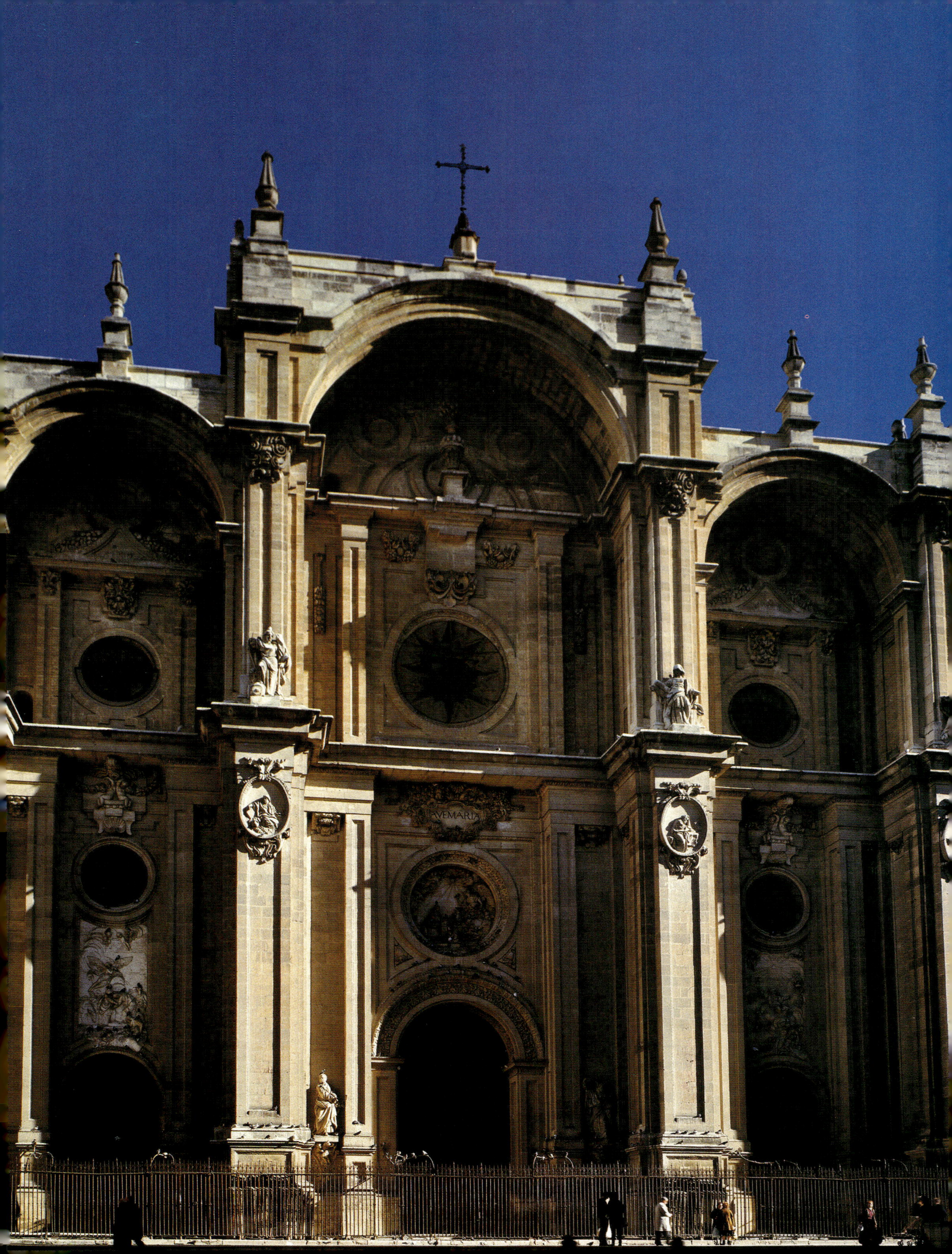
AVEMARIA

Seit langem ist Granada das begehrte Ziel für Reisende aus der ganzen Welt, denn diese Stadt hat die Phantasie und die Sehnsucht nach den orientalischen Dingen im Süden erweckt. Ausserdem wurde Granada nach der Eroberung das Zentrum aller Künste, Referenzpunkt der neuesten Tendenzen und Innovationen, die die Errichtung eines der wertvollsten Bauwerke vom Barock bis zur Renaissance ermöglichten. Jede Stadt im Westen mit so vielen Kunstschätzen würde zu den wichtigsten zählen, aber die Anziehungskraft der Alhambra drängt alle später errichteten Bauten in den Hintergrund, so dass diese für viele Besucher unbekannt bleiben. Schuld daran sind in grossem Masse die eigenen Stadtbehörde, die den Fremdenverkehr haben niemals verstehen wollen. Seit dem Jahre 2000 ist es möglich, mit einer Touristenkarte das historische und kulturelle Erbe zu besuchen, da sehenswerte Bauwerke und Wege berücksichtigt wurden, die die Reise nach Granada rechtfertigen. Diese Karte schliesst den Besuch der drei klassischen Bauwerke ein, die in einem Tag gesehen werden können : ALHAMBRA, KÖNIGLICHE KAPELLE und Kathedrale, ausserdem das KARTÄUSER- und das SAN JERÓNIMO-KLOSTER, interessante Beispiele des andalusischen Barockstils und der Renaissance sowie das Archäologische- (ARQUEOLÓGICO) und das Kunstmuseum (BELLAS ARTES) und das moderne naturwissenschaftliche Museum (PARQUE DE LAS CIENCIAS). meisten erwähnten Sehenswürdigkeiten können zu Fusserreicht werden, denn sie sind in der Altstadt gelegen. Der Darrofluss verläuft durch das alte Zentrum, ist aber seit langem zur Verbesserung des innestädtischen Verkehrsflusses von einer Strasse überbaut. Gegenüber der Königlichen Kapelle befindet sich die sehenswerte MADRAZA oder Medrese, alte arabische Universität, im 14. Jh. von Jusuf I. gegründet. Sie enthält Überbleibsel

Oben: Die Kathedrale vom Albaicin aus gesehen und das Logo der Touristenkarte. Links: Plaza de Isabel la Católica. Rechts: Kuppel in der Madraza (Medrese). Nächste Seite: Die Alhambra vom Hotel Luz aus gesehen und Ausschnitte von der Alcaicería und Plaza de las Pasiegas.

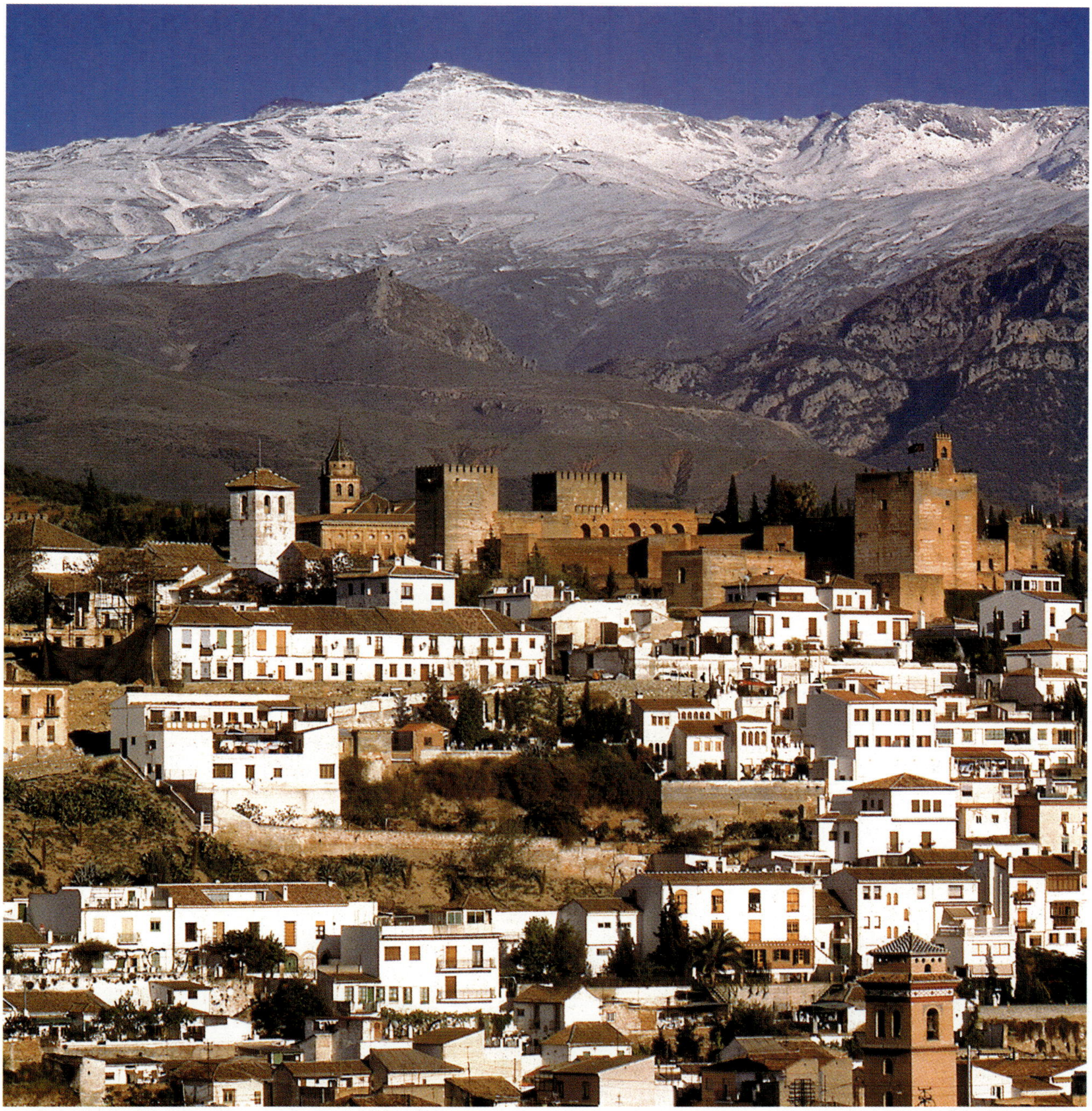

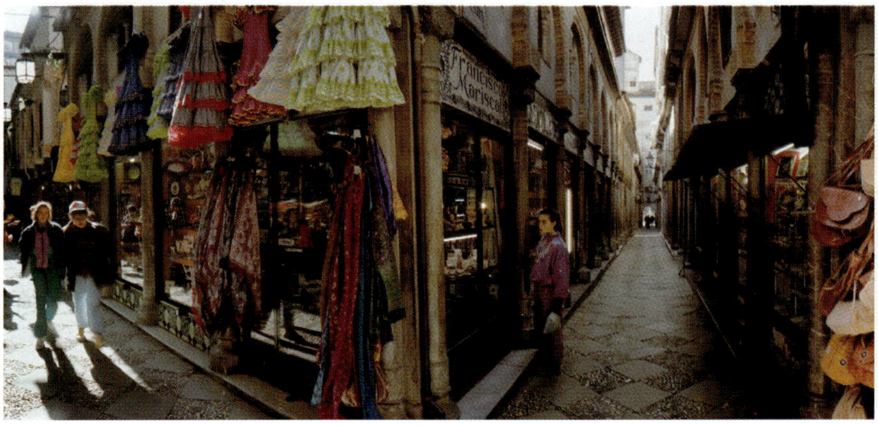

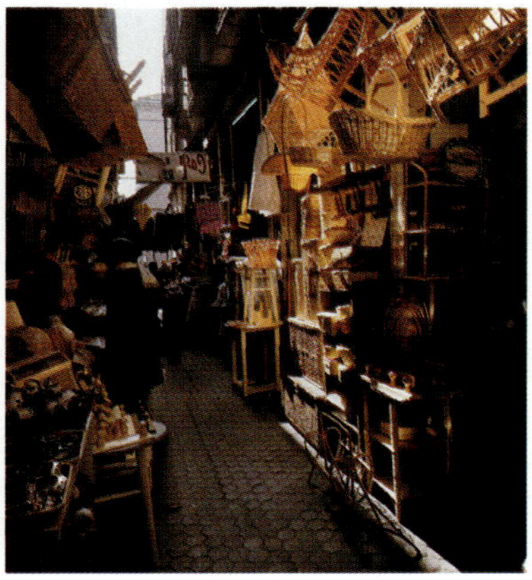

Plaza de Isabel la Católica

einer restaurierten Moschee. DIE ALCAICERÍA, alter Seidenmarkt, im 19. Jh. durch Brand vernichtet, ist heute ein kleines Stadtviertel mit vielen Läden im Stil eines mittelalterlichen Bazars, das sich von der ZACATIN-Strasse (der Trödler) bis zur PLAZA DE BIB-RAMBLA erstreckt, dem seit langem echten Mittelpunkt der Stadt. Auf diesem Platz befinden sich heutzutage mehrere Blumenstände und ruhige Cafés im Freien. Nebenan steht der PALACIO ARZOBISPAL (erzbischöflicher Palast), ursprünglicher Sitz der Universität Granadas, gegründet von Kaiser Karl V. (1526) als er in dieser Stadt seine Flitterwochen verbrachte. In unmittelbarer Nähe auf der anderen Seite der Reyes Católicos-Strasse liegt das Rathaus, EL AYUNTAMIENTO, ein altes Karmeliter-kloster. Am davor liegenden Platz beginnt die Navas-Strasse, bekannt durch die "tapas", die in den vielen typischen Kneipen zu jedem Getränk gereicht werden. Nicht weit entfernt liegt der CORRAL DEL CARBÓN (siehe unten), ehemalige Karawanserei oder arabischer Funduk, Unterkunft der Fuhrleute. In der Mitte des Hofes ist die Tränke für die Tiere noch erhalten. In den ehemaligen Stallungen befindet sich heute das Fremdenverkehrsamt (OFICINAS DE TURISMO) und die oberen Schlafräume sind heute Sitz des (LEGADO ANDALUSÍ) (Kulturerbe von Al-Andalus). Die Reyes Católicos-Strasse erstreckt sich von der Plaza Isabel la Católica, wo das Denkmal von Kolumbus steht, der seine Pläne der Königin Isabella vorträgt, bis zur Plaza Nueva, wo sich die Chancillería (Justizhaus) befindet, ein prachtvoller Renaissancebau aus dem 16. Jh. und die Santa Ana-Kirche mit den Türmen der Alhambra im Hintergrund. An der Strasse, die von hier aus am Fluss entlang verläuft, befindet

Oben und unten: Corral del Carbón.

sich der Rest eines Bogens der PUENTE DEL CADÍ, einer Brücke aus der Zeit des Kalifats (11 Jh.). Gegen-über liegt El BAÑUELO, ein arabisches Bad ebenfalls aus dem 11. Jh., im Hintergrund die SAN PEDRO-Kirche (16.Jh.) sowie die Häuser CASA DE ZAFRA und CASA DEL CASTRIL. In letzterem, mit einer schönen plateresken Fassade versehen, befindet sich heute das Archäologische Museum (MUSEO ARQUEOLÓGICO).

Geht man etwas weiter am Fluss entlang, gelangt man zum Platz Paseo de los Tristes, Taleinschnitt zwischen dem Albaicin und dem Sabica-Hügel, auf dem sich prachtvoll die Alhambra erhebt. Diese Anlage ist von hier aus durch die CUESTA DE LOS CHINOS zu Fuss erreichbar. Am Beginn dieses Weges liegt das Haus EL REY CHICO, ein missglückter Angriff auf die architektonische Umgebung, dessen Bau von den heutigen Politikern zugelassen wurde. An der CUESTA DEL CHAPIZ liegt am Anfang der PALACIO DE LOS CÓRDOBA, ein Palast, der Stein für Stein hierher verlegt wurde. Weiter oben an dieser Strasse, die die Viertel des Albaicin und des Sacromonte trennt, liegt das CASA DEL CHAPIZ, ein Haus im kastilisch-andalusischen Stil, heute Schule für Arabische Studien.

Oben: Plaza Nueva, Santa Ana-Kirche und Wachturm der Alhambra im Hintergrund.

Unten links: Darro-Strasse mit Casa de Zafra. Unten rechts: Casa de Castril. Darüber: Real Chancillería.

Oft hört man von Besuchern, dass Granada eine der schönsten Städte dieses Landes sei. Zu dieser Auffassung kommt man nicht nur das vorhandene historische und kulturelle Erbe, sondern auch durch ihre Lage und ihre Umgebung. Das wichtigste sehenswürdige Stadtviertel ist der Albaicin. Die anderen sind nicht so berühmt, sollten aber auch besucht werden, um die Stadt besser kennen zu lernen, wie z.B. der Realejo. Dieses ehemalige jüdische Viertel am Fusse der Alhambra hat als Mittelpunkt den CAMPO DEL PRÍNCIPE-Platz, wo die Kinder heute noch Fussball spielen (siehe oben) und wo sich die Erwachsenen in den Lokalen auf dem Platz treffen. Oben auf dem Hügel ragt ein Haus im Jugendstil hervor, der CARMEN DE RODRÍGUEZ ACOSTA. Weiter unterhalb Richtung Stadtzentrum liegen ehemalige Häuser aus der Nasridenzeit, wie CUARTO REAL DE SANTO DOMINGO, CASA DE LOS TIROS und PALACIO DE ABRANTES. Von hier aus wird der PASEO DEL SALÓN erreicht (siehe unten), der sich am Genil entlang erstreckt und zur CARRERA DEL GENIL führt, einer Strasse an der die Kirche der Schutzpatronin liegt, und zur PUERTA REAL führt, dem echten Stadtkern. Nicht weit entfernt befindet sich die San Juan de Dios-Strasse mit Krankenhaus und Kirche des Heiligen Johannes von Gott, die Santos Justo y Pastor-Kirche, die Jurafakultät und das Pharmaziekolleg (siehe links). In der Nähe liegt die San Agustín-Markthalle und weitere interessante Winkel. Sehenswert ist auch das moderne Granada mit wichtigen Bauten wie das Auditorium MANUEL DE FALLA, die Sport- und die Kongresshalle und das Ende des 20. Jahrhunderts errichtete Museum PARQUE DE LAS CIENCIAS mit mehreren interessanten zeitgenössischen Ausstellungen für gross und klein. Unter den modernen Bauten befindet sich die Sporthalle. Die Einrichtung ist mit neuester Technik ausgestattet. Die Sitze können abmontiert werden, so dass die Anlage als Mehrzweckhalle benutzt werden kann. Die moderne Kongresshalle bietet die idealen Voraussetzungen für die Veranstaltung von Kongressen und Versammlungen in einer reizvollen Stadt. Unten: Parque de las Ciencias.

Paseo del Salón

Der Sportpalast zählt zu den modernen Errungenschaften der Stadt und ist mit den neuesten Technologien ausgestattet. Ein Grossteil der Sitzreihen ist beweglich, so dass das Gebäude vielseitig verwendet werden kann.

Das moderne Design des Kongresspalastes macht ihn zu einem idealen Rahmen für Konferenzen und Tagungen in einer attraktiven Stadt. Unten: Das wissenschaftliche Museum hat mit seiner überraschenden Initiative selbst andere Städte dazu inspiriert, das Projekt nachzuahmen. Hier werden dem Besucher naturwissenschaftliche Grundprinzipien auf praktische Art nahegebracht.

Parque de las Ciencias

ALBAICÍN
ODER ALBAYZIN

Das Albayzin ist eines der wenigen Viertel, die es dank ihrer Lage und Beschaffenheit geschafft haben, ihre eigene Legende zu überleben. Professor Arturo Gutierrez Castillo hat viel Zeit für sein Studium aufgewendet und beschreibt es folgendermassen:

Über diesen Zeilen: der Aussichtspunkt mirador de San Nicolás, ein unbedingtes Muss für den Besucher.

Oben: Das arabische Haus im Albayzin. Es trägt diesen Namen weil darin alle Elemente eines nasridischen Wohnhauses erhalten geblieben sind und noch die Atmosphäre des 14.Jh. vorherrscht.

Das Albayzin ist dieser magische Ort, wo der Geist der Zeit noch spürbar ist und das Herz der Geschichte nicht aufgehört hat zu pochen. Alles ist, wie es sein sollte: das unerschöpfliche Erbe altertümlicher Zivilisationen, ein uralter Zeuge, der sich trotz Veränderungen und Wandel behauptet, ein Zufluchtsort für nostalgische Geister und Romantiker. Es könnte jedoch sein, dass diese Art der Definition dem, der die Gelegenheit noch nicht ergreifen konnte, es zu entdecken und kennenzulernen, wenig oder überhaupt nichts sagt. Dies ist die Gefahr, die die Sprache in sich birgt, denn auch wenn man sich noch so bemüht hat bei der Auswahl der Worte, sind diese nie so präzise und genau, wie man es gerne hätte. Vor allem, wenn sie in ihrer Mutmassung das Unerklärliche zu erklären versuchen.

Eine kleine Anspielung auf die Grenzen unserer Sprache, was aber nichts anderes ist als eine Rechtfertigung, um das Albayzin auf traditionelle Art zu schildern, und es den unwissenden Reisenden zu beschreiben. Und so möchte ich auch nicht die verlockenden Reize verschweigen, die das alte Maurenviertel zu einem phantasieanregenden und exotischen Stadtteil machen: die zusammengedrängten Häuser, die einige Reisende nicht als Häuser beschreiben, sondern mit Schwalbennestern vergleichen; das verworrene Gassenlabyrinth; die prächtige Vegetation, die grosszügig über die Mauern der Carmenes, der Landhäuser, und ihrer Nutzgärten quillt; die versteckten und überraschenden Ecken und Plätze, die sich nur mit etwas Glück vor den Spaziergängern auftun und sich ihnen darbieten.

Oben: Die Plaza Larga am Fest der Maikreuze. Unten: Ein Platz im Albayzin.

Und für all die, die noch etwas mehr suchen, weil sie

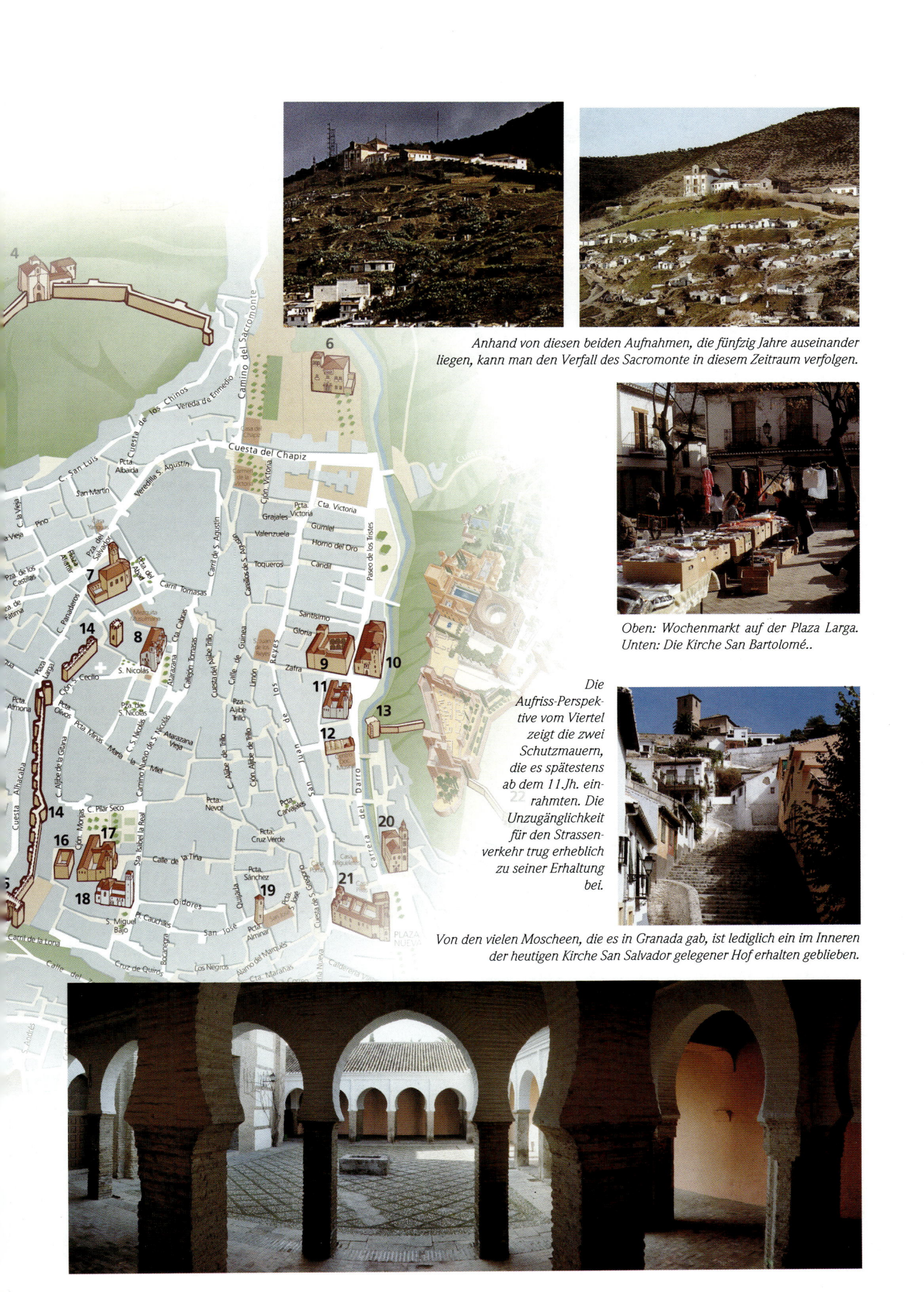

Anhand von diesen beiden Aufnahmen, die fünfzig Jahre auseinander liegen, kann man den Verfall des Sacromonte in diesem Zeitraum verfolgen.

*Oben: Wochenmarkt auf der Plaza Larga.
Unten: Die Kirche San Bartolomé..*

Die Aufriss-Perspektive vom Viertel zeigt die zwei Schutzmauern, die es spätestens ab dem 11. Jh. einrahmten. Die Unzugänglichkeit für den Strassenverkehr trug erheblich zu seiner Erhaltung bei.

Von den vielen Moscheen, die es in Granada gab, ist lediglich ein im Inneren der heutigen Kirche San Salvador gelegener Hof erhalten geblieben.

nicht nur mit diesem Fest der Sinne begnügen, sind da noch die Geschichte und die Kunst.

Spuren, die noch auf epische Momente der jahrtausendealten Geschichte dieses Viertels verweisen, findet man heute noch überall: Anzeichen von den ersten Völkern und Kulturen, verwoben mit den Häusern der heutigen Bewohner, und teils sogar Bestandteil davon. Spuren von Zivilisationen, die das arabische Erbe aber manchmal zweitrangig erscheinen lassen, denn dies scheint wohl das Schicksal des Albayzins zu sein: die ständige Erinnerung an Zeiten, die dem Viertel seine grösste Blüte brachten. Als Asad Ibn Abd ar-Rahman al Saybani im 8. Jh. die Errichtung einer Festung auf dem heutigen Platz San Nicolas anordnete, die Quasabat Garnata der moslemischen Geschichtsschreiber, ahnte noch niemand etwas von der glänzenden Zukunft, die den Stadtteil erwartete. Im 11. Jh. war dieser Ort bereits die Hofstadt der ersten islamischen Dynastie, die in diesen Gefilden herrschten: die Ziriden. So entstand die Alcazaba Cadima, unter deren Schutz und Schatten zahlreiche Aussenviertel wuchsen, die diesen Hügel schliesslich ganz bedeckten. Auch als Muhammad Alhamar im 13. Jh. den Hof auf den gegenüberliegenden Hügel, die Sabika, verlegte, wo mit der Zeit die imposante Palaststadt der Alhambra entstand, sollte der gute Stern des Albayzins nicht aufhören zu leuchten.

Das Glück blieb weiter auf Seiten des Viertels, das nicht aufhörte zu wachsen, ja sogar zu einer echten Stadt innerhalb der Stadt Granada wurde. Im 14. Jh. hatte es sogar ein eigenes Heer, eine Verwaltung, Justizbeamte und Richter. Der nasridische Adel wählte diesen Standort für den Bau prunkvoller Paläste und herrschaftlicher Häuser. Knapp dreissig Moscheen entstanden auf diesem Terrain, unter denen sich auch die Hauptmoschee befand, die noch prächtiger war als die Freitagsmoschee in Granada selbst. Ein ausgeklügeltes und kompliziertes Netz von Wasseradern versorgte eine Reihe von Wasserspeichern und Zisternen. Die Geräusche, die von den Webstühlen ausgingen, verrieten die Existenz einer reichen Textilproduktion von ausgezeichneter Qualität. Das Kunsthandwerk florierte in den Werkstätten, aus denen allerlei Produkte hervorgingen: Leder, Keramik, Emailarbeiten, Glas, Kupfer, Schmiedeeisen und Intarsien, die verschiedentlich verarbeitet wurden und Ausdruck einer unerschöpflichen Phantasie und einer blühenden Industrie waren. So war das Albayzin in glorreichen Zeiten: bewundert und gleichzeitig

So war das Albayzin in glorreichen Zeiten: bewundert und gleichzeitig gefürchtet, denn seine manchmal aufrührerische Bevölkerung war zahlreich und nicht einfach zu regieren. So ist das Albayzin heute: legendär, und unlogischerweise würde man sich gern in die Vergangenheit zurückversetzen lassen. Aus dem Albayzin vergangener Tage konnten sich jedoch nur uralte Spuren erhalten , gleich Relikten aus längst vergangenen Zeiten, in Wirklichkeit aber nur Überreste aus der Vergangenheit, die nach Ankunft der kastilischen Machthaber nur dank dem Zufall überleben konnten. Ein Lamentieren jedoch wäre hier fehl am Platz, denn die Absichten der Zeit sind unwiderlegbar, wenn es darum geht, jedem seine rechtmässige Stelle zuzuweisen. Man sollte auch nicht klagen, denn auch wenn die Zeit dem Viertel den Rücken gekehrt hat, hat die Natur das Albayzin in grossem Masse entschädigt. So erscheint das heutige Albayzin eingehüllt von Frühlingsdüften aus verschlossenen Gärten, aus denen die Pflanzen beharrlich und farbenprächtig die Grenzen der Mauern überschreiten, mit Licht- und Schattenspielen, die wie ein Schachbrett wirken, und obligatorischen Ausblicken von den altbewährten Aussichtsplätzen. Manchmal erscheint ein greifbareres und alltäglicheres Albayzin, das sich uns in vielen Facetten offenbart: in der Strenge einer Klostermauer, in der Stattlichkeit eines herrschaftlichen Hauses, in der geraden Silhouette eines Glockenturms, durch das Spatzengezwitscher in den Bäumen, oder das Bellen eines Hundes in der Ferne.

Man sollte im Albayzin nie einer festen Route folgen, das Viertel lädt nahezu dazu ein, sich dort zu verirren und einfach zu improvisieren. Die beste Kursrichtung ist der Weg, der ganz nach oben führt, um von dort aus durch das Labyrinth von Gässchen langsam wieder in die Ebene zu gelangen: dies ist der hilfreichste Vorschlag, um das wahre Albayzin kennenzulernen, der offenste Rat eines guten Freundes. Man sollte jedoch auch nicht gegen den Strom schwimmen, und der Versuchung, die heute von vielen Ecken und Plätzen ausgeht, widerstehen: Orte, die das Volk zur Kategorie des Mythos erhoben hat. So muss ich wie jeder gewöhnliche Bürger dieser Stadt, auch den Plätzen meine Huldigung darbringen, deren Reize jedermann verführen, und die Schwärme von Besuchern anziehen, wie die Aussichtsplätze San Nicolas oder San Cristobal, die Plätze San Miguel Bajo, Plaza Larga, Plaza de los Carvajales, Paseo de los Tristes, oder die Gassen Calle del Agua, Carril de la Lona, Caldererías, Zenete denn trotz des Getümmels ist das Albayzín auf jeden Fall einen Besuch wert.

DAS KLOSTER SAN JERÓNIMO

Es wurde von den Katholischen Königen nach der Eroberung zusammen mit anderen Klöstern gegründet, um die Stadt für das Christentum zu gewinnen. Diese Aufgabe wurde Franziskanern, Dominikern und Hieronymiten übergeben, die zu den wichtigsten Mönchsorden gehörten. Diese letzteren hatten den Konvertierten öfters Zuflucht gewährt und bekamen den Auftrag dieses Kloster zu errichten. Zu diesem Orden gehörte Fra Hernando de Talavera, der erste Erzbischof Granadas, Beichtvater Königin Isabellas, ein weiser und bescheidener, mit den Mauren befreundeter Mensch, dessen Ratschläge (von Cisneros nicht befolgt) den Verlauf der Eroberung ohne Zweifel geändert hätten. Die Gründung fand 1492 statt, aber erst 1504 wurde der Bauplatz festgelegt. Daher wurden die Arbeiten ursprünglich im gotischen Stil begonnen. Die typische Klosterkirche in Form eines lateinischen Kreuzes besteht aus einem Langhaus, Seitenkapellen und hochgelegenem Chor. Der eigentliche Gestalter der von Unbekannten begonnenen Kirche war der hochbegabte Diego de Siloe, der 1526 nach Granada kam, um im Kloster zu arbeiten. Ohne Zweifel war er gleichzeitig auch vom Bau der Kathedrale angezogen. Der grosse gotische Kreuzgang mit 36 Halbkreisbogen wurde im Jahre 1519 beendet. Ein Jahr später wurde der zweite kleinere errichtet, der den Namen der Kaiserin Isabel trägt, weil sie während ihrer Flitterwochen in Granada (1526) einige Zeit hier verweilte. Im unteren Geschoss des grossen Kreuzgangs wurden von Siloe sechs Torbauten hinzugefügt, die dem einfachen Kloster ein würdevolles und klassizistisches Aussehen geben. Diese Tore verschaffen Zutritt zu den entsprechenden Klosterräumen oder Kapellen, die von wichtigen Familien Granadas gestiftet wurden. Die 1519 begonnene Kirche wurde sechs Jahre später von Jacobo Florentino El Indaco weiter gebaut, als deren Besitz an die Witwe des Gran Capitán übertragen wurde. Zwei Jahre später übernahm

Siloe die Arbeiten und schuf einen erstklassigen Bau im Renaissancestil. Dieser nicht störende Wechsel fällt beim Anblick einiger Bauelemente auf, wie Fenster, Leuchter, Wappen und innere und äussere Verzierungen. Von diesem Meister stammt ebenfalls die Fassade mit dem schön verarbeiteten Fenster und dem Wappen der Könige und der von den Truppen Napoleons gekappte Turm, der 1916 wiederaufgebaut wurde. Aber seine grosse Begabung fällt besonders im Querhaus auf, das von Jacobo Florentino mit seiner Hilfe errichtet wurde. Ein oktogonales Rippengewölbe mit vier Halbkreisbogen schliesst den Bau ab. Die Trompen, auf denen es sich erhebt, ruhen auf einem Gesims, das von dorischen Pilastern und korinthischen Zierleisten anstatt von Kapitellen gestützt wird. Die zweireihigen Kreuzverzierungen bilden Nischen, in denen plastische Darstellungen zu sehen sind, wie Helden, Cherubinen, Satyren und bärtige Männer. In den Tonnengewölben der Querhausarme erscheinen in den Kassetten mythische Gestalten aus der Antike, deren Heldentaten mit denen des Gran Capitán verglichen werden. Diese Figuren mit ihren anatomischen Formen und besonderen Gestaltungen beweisen die grosse Begabung der Künstler, die in diesem Kloster arbeiteten. Die Hauptkapelle ist reichlich mit religiösen Themen versehen. Engel mit den Attributen der Passion, Apostel, die Kardinaltugenden, das heisst Figuren aus der Bibel alternieren mit den mythologischen. Der im Renaissancestil erbaute Hochaltar wird von der Passion Christi gekrönt. Diese Szenen überragen alle anderen, die weiter unten abgebildet sind. Das Chorgestühl ist ebenfalls ein wunderbares Werk von Siloe. Im Kunstmuseum in der Alhambra sind einige Teile davon ausgestellt.

DAS KARTÄUSERKLOSTER

Der Mönchsorden der Kartäuser wurde im 11. Jh. vom hl. Bruno gegründet. Das Mönchstum erlitt damals eine schwere Krise und mehrere Reformationen entstanden als Reaktion auf die herrschende Macht und das geistliche Verderben in Cluny. Die wichtigsten Innovationen waren das Stillschweigen, die Einsamkeit und das Fasten. Diese strengen Lebensregeln wurden genau beschrieben und bis heute mit Erfolg durchgeführt, oft ergänzt aber nie verändert. Im 15. Jh. entstanden auf der Iberischen Halbinsel mehrere Mönchsklöster, die von Königen und reichen Herren gegründet wurden, um im Inneren ihre Familiengruft zu errichten. Das Kartäuserkloster Granadas war die Gründung des Gran Capitáns. Kurz nach der Übergabe liess er am Stadtrand im Bauerngut Ainadamar (Tränenbrunnen) den Bau errichten, aber schliesslich mussten die Mönche selbst die Bauarbeiten aufnehmen. Im Jahre 1514 liess Fra Alonso de Ledesma die ersten Räume im gotischen Stil errichten. Die Arbeiten wurden fortgesetzt und zur Barockzeit prunkvoll beendet. Die Kartäuser hinterliessen keine besonderen Vorschriften für die Lokalitäten, aber alle Neugründungen wiesen ähnliche Grundrisse auf. Das Kloster Granadas ist keine Ausnahme. Es besteht aus einer Kirche mit einem Langhaus und zwei Kreuzgängen mit ihren entsprechenden Räumlichkeiten. Am grossen Gang im Geviert lagen die privaten Zellen mit ihren Gärten. Leider fielen diese Räume

1835 nach der Säkularisierung weg. Heute sind noch die Kirche und der kleine Kreuzgang erhalten. An diesem letzteren liegen das Refektorium, zwei Kapellen und der Kapitelsaal.

Das Sonderbare in diesem Kloster befindet sich in der SAKRISTEI und im Allerheiligsten oder SANCTA SANCTORUM. In diesen Räumen erreicht der andalusische Barockstil des 18.

Jahrhunderts seinen grössten Ausdruck. Die Aussenmauern der Kirche sind einfach und schmucklos ausgeführt. Es handelt sich um die erste Zelle Jesu. Er war der erste Einsiedler, ein aussergewöhnlicher Gast, und daher musste er auch ein besonderes Haus bekommen. In diesem Langhaus spielte sich das gemeinsame Leben der Mönche ab, jeden Tag verbrachten sie dort mehrere Stunden. Die Kirche besteht aus drei Abteilungen. Im ersten Raum befindet sich der Chor der Laienbrüder und ist durch eine Glaswand vom zweiten Raum getrennt, dem Chor der Mönche oder Patres. Das Presbyterium besteht aus dem Hauptaltar und dem Sancta Sanctorum. In dieser Abteilung stellte Hurtado Izquierdo mit Marmor und Gold die Erhöhung der Eucharistie dar, deren Abbildung nach dem Tridentinischen Konzil üblich wurde. Mittels irdischen Materialien symbolisierte der Mensch in diesem Raum das, was er sich als ewige Verklärung vorstellte. Das grosse Zentraltempelchen, zur Aufnahme des Leibes Christi vorgesehen, ist der Brunnen aus dem das Leben entspringt. Dieser eschatologische Begriff wird durch den Doppelbrunnen mit Muscheln symbolisiert, aus dem die Gnade Gottes hervorquellt (siehe nächste Seite). In diesem Raum blendet alles. Die Folgen des zur Barockzeit typischen "horror vacui" werden hier zum grössten Ausdruck gebracht. Der Blick schweift ruhelos umher, angeregt durch die vielen geometrischen Formen, Glanzlichter und Farben. Die von Palomino entworfene himmlische Kuppel, die den Raum krönt (1770) (siehe oben), gibt nicht nur die Symbolik der Renaissance sondern auch die tridentinische wieder, nach der die Heilige Dreifaltigkeit die Schöpfung der Welt dominiert. Dieses Thema wurde zur Barockzeit auch gern dargestellt. Umringt von den Heiligen Vätern, den Engeln, den Tugenden und den vier Evangelisten (Stützen des Glaubens) ist im Zentrum der Kuppel die kniende Gestalt des hl. Bruno abgebildet. Auf seinen Schultern trägt er die Weltkugel mit allen Sünden der Menschheit. Darüber erhebt sich triumphierend die Eucharistie.

DIE SAKRISTEI

Die danebenliegende Sakristei wird von vielen Kunsthistorikern als Höhe- und Endpunkt des spanischen Barocks bezeichnet. Nach der Kirche ist dies der wichtigste Raum im Kloster. Die Patres bereiten sich hier auf die wichtigste Tätigkeit des Tages vor, auf die gemeinschaftliche Messe. Dies ist der Vorraum des heiligen Gebietes und ist selbst heilig. Der Raum erinnert an eine kleine Kirche, in der mehrere Schränke stehen, die mit eingelegten polychromen Hölzern (Mahagoni, Palisanderholz, Ebenholz), Elfenbein, Silber, Schildpatt, usw., von Fra Vázquez verziert wurden. 34 Jahre lang arbeitete der Laienbruder an diesen Möbeln und verwandelte damit seine Arbeit in Gebet. Für den Boden benutzte Hurtado Izquierdo zweifarbige rhombische Marmorplatten, die den Blick in Richtung der Pilaster und Mauern lenken. Die Wände sind mit vielen geometrischen Linienscharen aus weissem Stuck versehen und verwandeln den Raum so, dass die Formen zerfliessen und sich im Licht verändern. Im polychromen Marmorretabel an der Stirnseite steht die plastische Gestalt des hl. Bruno, der über den Tod nachdenkt. Linker Hand fällt in einer Nische die kleine prachtvolle Figur des hl. Bruno von José de Mora auf (siehe unten links). Dieses Werk zeigt mit seiner spirituellen Erregung wie kein anderes den Ausdruck und die Mystik des Barocks.

Links: Die Madonna von Risueño und Hlg. Bruno Rechts: Terrakotafigur Christi von Brüder García

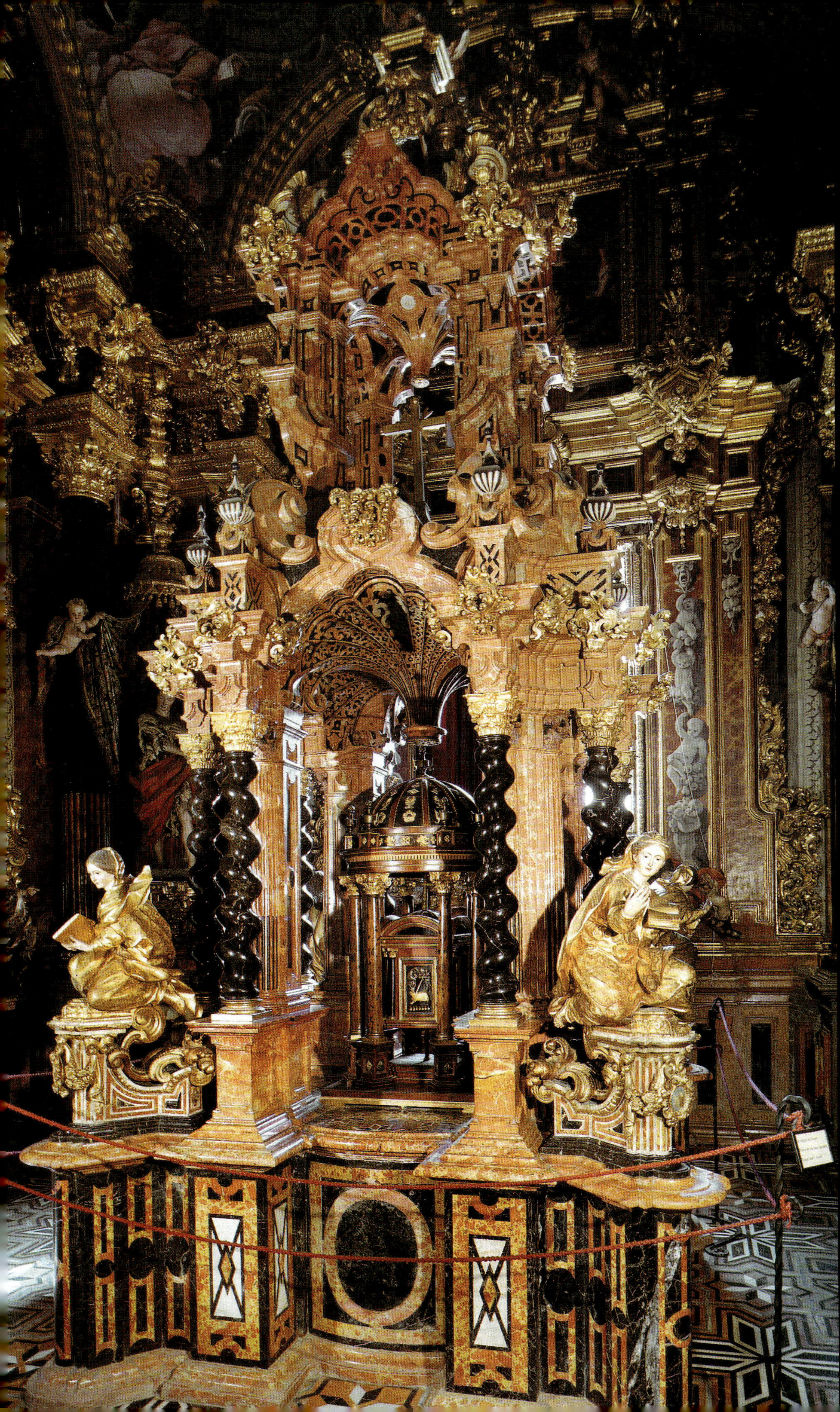

Die Sierra Nevada ist die Quelle, in der Granadas „verborgene Wasser" entspringen, eine 170.000 ha umfassende Bergkette, die von den Arabern Gipfel der Sonne genannt wurde. Zur Hälfte wurde sie zum Nationalpark erklärt, ein Naturschutzgebiet, in dem einheimische Tier- und Pflanzenarten Zuflucht finden, die das Reichtum der Natur widerspiegeln. Die weiss verschneiten Bergrücken der Sierra Nevada, die in der Sonne glänzen, bilden ausserdem eine einzigartige Kulisse

Die Skistation hat in den letzten Jahren einen ausserordentlichen Aufschwung erlebt: 20 Skilifte, 2 Kabinenbahnen, 12 Sessellifte, 60 km befahrbare Pisten und viele weitere Attraktionen machen sie zu einem der führenden Skizentren auf internationaler Ebene. Ein zusätzliches Plus sind die 240 Sonnentage im Jahr, die milde andalusische Sommerluft und eine Landschaft, die viele Überraschungen bereithält.

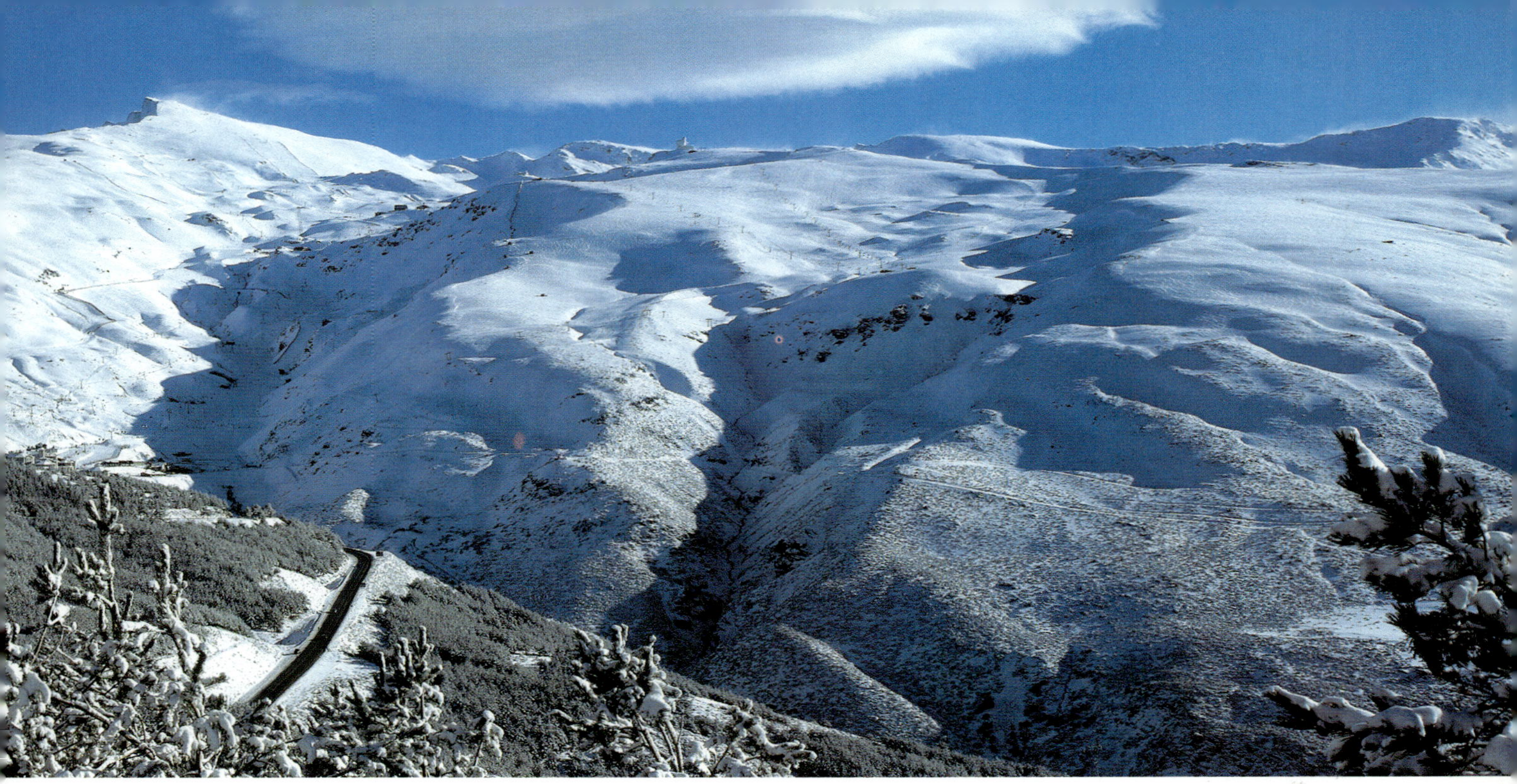

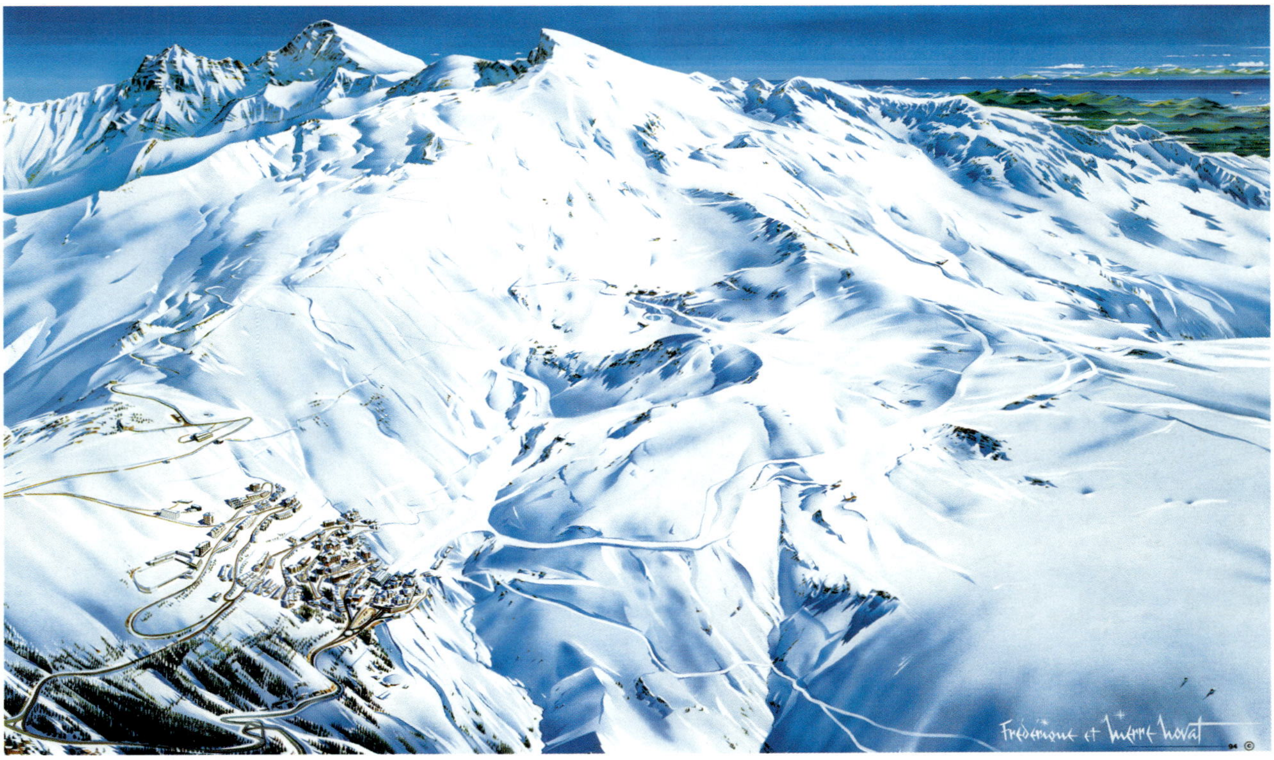
Frédérique et Pierre Novat
94 ©

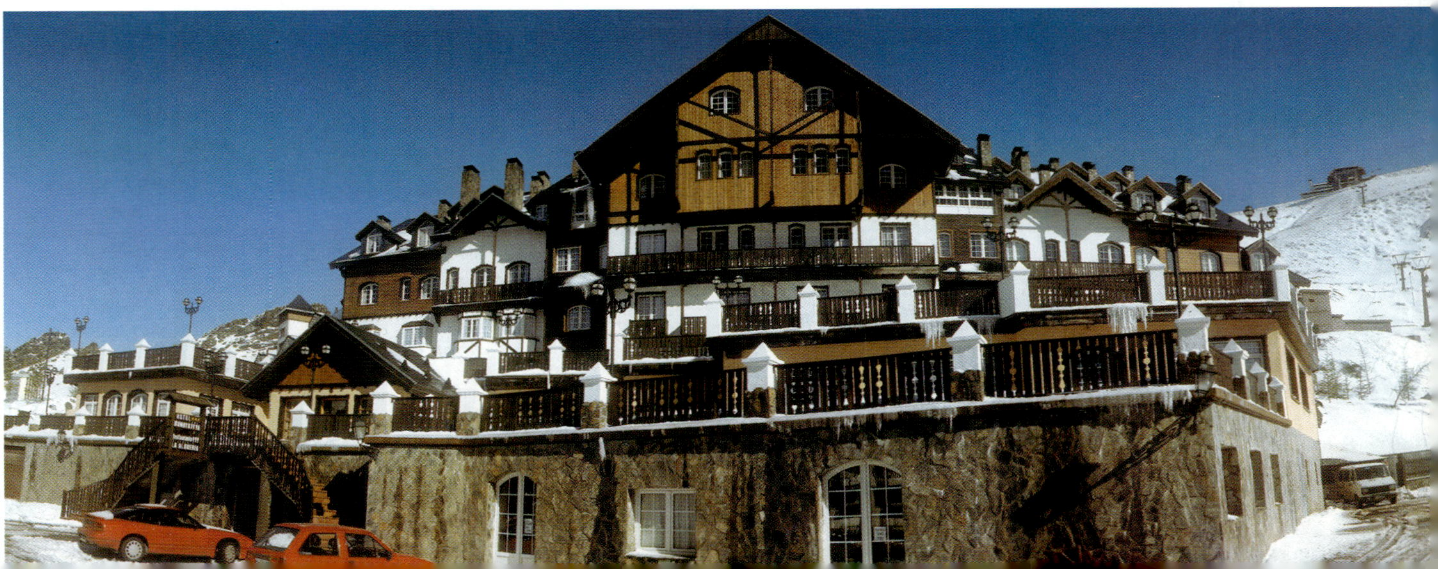

Montefrío

El Fargue

Arriba, Moclín; debajo Salobreña

Die Provinz Granada besteht aus einer Vielzahl von Landschaften mit grossen Kontrasten, denn sie erstreckt sich vom Schnee bis zum tropischen Gebiet und vom Hochland zum Meer. Sie gehört zu den drei Gegenden auf der Welt, wo man an demselben Tag Ski laufen und im Meer baden kann: Kalifornien, Türkei und Granada. Sieben verschiedene Gegenden können in der Provinz unterschieden werden: die HAUPTSTADT mit der Vega (Ebene) und Umgebung, der PONIENTE GRANADINO (Westen) mit wichtigen Städten wie Montefrío (siehe oben links), mit einer seltsamen Landschaft, in der sich zwischen Felsen und Wiesen die Peña de los Gitanos (Felsen der Zigeuner) befindet mit interessanten prähistorischen Fundstellen. Zum Westen gehören auch Alhama de Granada, bekannt durch die Thermalbäder, die Stadt, in der die Eroberung begonnen hatte, und Loja, in der Boabdil festgenommen wurde und in der König Ferdinand fast das gleiche Schicksal erlitt. Beide Städte spielten eine wichtige Rolle in der Geschichte Granadas und haben heute auf unzugänglichen hohen Felsen immer noch ihre Burgen. Die dritte Gegend, südlich gelegen, ist die COSTA TROPICAL, wo Mangofrüchte und Avocados gedeihen. Das felsige Gelände hat nämlich ein wunderbares Klima. Die wichtigsten Ortschaften sind Almuñécar, Salobreña (unten links) und Motril, bekannt für das Zuckerrohr und den Rum. Zusammen mit Castell de Ferro, Torrenueva und Calahonda gehören sie zu den wichtigsten Badeorten Granadas. Parallel zur Küste, in Richtung Gebirge, erhebt sich stufenweise LA ALPUJARRA, die vierte Gegend, ein einzigartiges Gebiet, das auf den nächsten Seiten extra beschrieben wird. Die SIERRA NEVADA ist die fünfte Gegend, ein Natur-schutz-gebiet mit einer besonderen Lage, das auf die anderen

Gebiete einen grossen Einfluss ausübt. Im Nordosten der Provinz Granada befinden sich die anderen zwei Gegenden, die fast als eine betrachtet werden können, weil sich beide auf der Hochebene von GUADIX-BAZA befinden, am Rande der bekannten Hoya oder Ebene, auf der Südseite vom PARQUE NATURAL DE LA SIERRA DE BAZA begrenzt. Wenn man diese Landschaft gesehen hat, kann man leicht verstehen, dass sich die Menschen schon im Altertum hier niedergelassen haben, in einem Tal, das im Mittelalter eine grosse Rolle in der Geschichte gespielt hatte. In beiden Städten sind alte Bauten erhalten: Überbleibsel der Burgen (rechts Guadix), Kathedrale, Kollegiat, Bäder und alte Stadtviertel. In diesem Gebiet sind die Höhlen besonders sehenswert, begehrt durch ihre gute Temperatur im Inneren, mit 18º das ganze Jahr über, und seit dem Altertum bewohnt. Wenige Kilometer von Guadix entfernt an der Landstrasse Richtung Almería erhebt sich gegenüber der Sierra Nevada die Calahorra-Burg (rechts unten), 1509 vom Marquis von Zenete erbaut, einem Enkel des Kardinals Mendoza. Dies ist der erste Renaissancebau in Spanien, mit Marmor aus Genua ausgeführt, und bereits vor dem Palast Karls V. in der Alhambra errichtet. Die Katholischen Könige hatten den Adel Kastiliens verstossen, aber die wichtigsten Familien wollten nach dem Tode Königin Isabellas ihre verlorenen Privilege von König Ferdinand zurückbekommen. Der Kardinal Cisneros verhinderte diese Möglichkeit. Die Calahorra-Burg gehört zu den letzten Vorbildern der damaligen Macht der Adligen. Im Inneren befindet sich der schönste und hervorragendste Hof des italienischen Quattrocento in Spanien.

Tózar

Guadix

Arriba y abajo, la Calahorra

Links: Bubión. Oben: Poqueira-Tal. Nächste Seite oben: Cadiar Unten: Trevélez, 1650 m hoch.

DIE ALPUJARRA

Die Sierra Nevada, von deren Gipfeln an hellen Tagen Afrika zu sehen ist, erstreckt sich stufenweise abwärts zum Meer. Viele weisse Dörfer ragen in den grünen Tälern hervor. Dazwischen steht das Contraviesa- und das Lujargebirge, die letzten Ausläufer der Sierra Nevada. Es sieht so aus , als ob diese nicht zu schnell ans Meer gelangen möchte. Heutzutage wird die Alpujarra in zwei Gebiete unterteilt, die Alta (hochgelegene) und die Baja (tiefgelegene). Dieses Gebiet war jahrhundertelang isoliert und die Menschen lebten beeinflusst durch seine Landschaft und seine Geschichte. Dadurch ist sie eine Reliquie der Vergangenheit und ein Juwel der Gegenwart geworden. In wenigen Gebieten kann man so gut die wunderbare Möglichkeit des Landtourismus ausnützen. Die Wanderer finden in dieser Landschaft Kontakt mit der prachtvollen Natur. Die eher erdachte als wirkliche Einsamkeit hat Buddhistenmönche veranlasst, sich in dieser Gegend niederzulassen. Diese Landschaft mit ihrer guten Fernsicht und beschneiten Gipfeln erinnert sie sehr wahrscheinlich an ihr Tibet. Die Alpujarra hat bereits im Altertum immer wieder Menschen aufgenommen, die die Einsamkeit suchten oder geschützt von ihren Verfolgern leben wollten. Im 8. Jh. lebten hier die Berber, die bei der Landverteilung weniger Glück hatten. Zur Zeit der Moslems waren die Maulbeerbäume und mehrere Frühlingsfrüchte in diesem Gebiet sehr geschätzt, nach deren Vertreibung aber entstand hier die letzte Zufluchtsstätte der Konvertierten , die fern von ihren Glaubensrichtern an ihre alten Sitten gebunden weiterlebten. Deshalb entstand hier 1568 während der Regierung Philipps

II. der erste grosse Moriskenaufstand, von Aben Humeya angeführt. Der König gab Don Juan de Austria, seinem Halbbruder, den Auftrag, diesen Aufstand zu unterdrücken und die Unversöhnlichkeit der alten Christen zu beachten, die mit den abgeschlossenen Pakten nicht einverstanden waren. Mehrere Täler durchqueren von Norden bis Süden das Gelände. Im Poqueira-Tal, dem bekanntesten von allen, ragen drei schneeweisse Dörfer hervor (Mitte oben): PAMPANEIRA, BUBIÓN und CAPILEIRA. Von diesem letzten aus konnte man bis vor einigen Jahren über das Gebirge am Gipfel des Mulhacén vorbei nach Granada hinunterfahren, aber dieses Bergsträsschen befindet sich im Naturschutzgebiet und ist heutzutage für Fahrzeuge gesperrt. Die Wanderer haben eine gute Gelegenheit, die felsige und einmalige Landschaft zu geniessen. Zurück aus dem Poqueira-Tal ist es möglich Richtung Osten weiterzufahren. Die Gebirgsstrasse mit vielen Schleifen führt in das nächste Tal, in dem Pitres und Pórtugos als die wichtigsten Dörfer zu erwähnen sind. Dieses letzte ist berühmt durch sein gesundes saueres eisenhaltiges Wasser. In der Nähe befindet sich Busquístar und am Ende der Strasse, ganz hinten im Tal, taucht plötzlich Trevélez auf. Man hat fast den Eindruck, in die letzte Ecke der Welt geraten zu sein. In diesem 1650 Meter hochgelegenen Dorf wird der Schweineschinken getrocknet, der nicht in den Schnee gelegt wird, sondern in der kalten Luft hängt. Die Mikroflora und -fauna hat in dieser Gegend besondere Eigenschaften, die in anderen Gebieten vermisst werden, so dass mehrere Unternehmer im Sommer ihre Schinken hierher bringen, damit sie in dieser Luft ihre ausgezeichnete Qualität erreichen. In der Küche dieses Landes werden daher hauptsächlich Schweinewaren benutzt. Das typische Alpujarra-Gericht besteht aus Schweinewurst, Bratkartoffeln und gebratenen Eiern.

Durch die unregelmässige und abwechselnde Landschaft fliessen zahlreiche Bäche hinunter. Vor Jahrhunderten haben die Moslems das Wasser in viele Gräben umgeleitet, um ihre Felder zu bewässern, und heute werden diese Bewässerungsgräben immer noch wie damals verwendet Unzählige Reihen von Eichen und Kastanienbäume ragen zwischen Obstbäumen und Gemüsefeldern empor, die auf stufenartige Flächen angelegt sind. In dieser isolierten Gegend war das Holz und der Stein immer schon als Rohstoff zum Hausbauen nützlich. Steinsplitter aus der Sierra Nevada werden als Bodenbelag für die Terrassen benutzt, die auf Balken aus Nuss- und Kastanienbaumholz ruhen. Die Oberfläche wird mit "launa", der grauen Erde dieses Gebietes, abgedichtet. Dies sind die typischen "terraos" oder Terrassen, auf denen die Trauben und die Feigen in der Sonne getrocknet werden, in dem die Paprikas und die Bündel Maiskolben an den Balkonen hängen und den schneeweissgetünchten Fassaden zusammen mit den Geranien Farbe geben. Die schmalen und unregelmässigen Gassen, in denen das Wasser hinunterfliesst, sind das lebende Abbild der afrikanischen Baukunst, die von den moslemischen Eroberern hierher gebracht wurde. Oder vielleicht geschah dies umgekehrt, wie es so oft bei den Einflüssen der Fall ist. Fast alle Häuser sind nach Süden ausgerichtet, um im Winter die Sonne geniessen zu können, die breiten Vordächer dagegen bereiten den entsprechenden Schutz im Sommer. Bis hierher kommt die Brise des Mittelmeers, das nur 50 km von den höchstgelegenen Gebieten entfernt ist, aber der vom Berg herunterwehende Wind bringt im Sommer kühle Luft, so dass die Alpujarra fast das ganze Jahr ein angenehmes und mildes Klima geniesst

Dieses Buch „Das Christliche Granada" wurde in den Werkstätten von Edilux s.l. bearbeitet und am 19.03.2001 von Copartgraf gedruckt.
© Texte und Verlag: Edilux s.l.
© Modellplan der Kathedrale: Juan Manuel Fernández Linares, MAMANI PRODUCCIONES, S.L.
    Übersetzung: Ernestina Brobeil, Anne Zipze und Alfonso Calderón
Digitale Fotos: Miguel Román
Bildbearbeitung: Pablo Román
Koordinierung: Julia Fdez. Avigliano
Edilux bedankt sich für die Unterstützung des Kirchenrates der Königlichen Kapelle und der Kathedrale, und insbesondere bei Prof. Dr. D. Juan Manuel Gómez Segade.

edilux@supercable.es
Tlf.: 34-958 08 2000